U0511372

找 到
"独一无二"的你

芬兰普通高中选课走班制度研究

周宁之 著

商务印书馆
The Commercial Press
创于1897

图书在版编目(CIP)数据

找到"独一无二"的你：芬兰普通高中选课走班制度研究 / 周宁之著. — 北京：商务印书馆，2022
ISBN 978 - 7 - 100 - 21621 - 0

Ⅰ.①找… Ⅱ.①周… Ⅲ.①课程改革—教学研究—高中 Ⅳ.① G632.3

中国版本图书馆 CIP 数据核字(2022)第 157567 号

找到"独一无二"的你

芬兰普通高中选课走班制度研究

周宁之 著

商 务 印 书 馆 出 版
（北京王府井大街36号 邮政编码100710）
商 务 印 书 馆 发 行
北京顶佳世纪印刷有限公司印刷
ISBN 978 - 7 - 100 - 21621 - 0

2022 年 9 月第 1 版　　　开本 880×1230 1/32
2022 年 9 月北京第 1 次印刷　　印张 6⅛
定价：39.00 元

目 录

前　言

2014年9月3日，《国务院关于深化考试招生制度改革的实施意见》（国发〔2014〕35号）正式发布，标志着我国新一轮高考改革拉开帷幕。同年，上海和浙江"第一个吃螃蟹"，率先扛起新高考改革的大旗。此后，北京、天津、山东、海南、辽宁、广东、福建、湖南、湖北等多个省份分批次步入新高考综合改革行列。截至2022年，除新疆和西藏外，全国其余省份全部实施新高考改革。新一轮改革的突出特点是高考改革先行，核心素养引领，倒逼普通高中学校课程与教学的系统变革。因此，"选课走班"成为无法回避的改革关键。

选课走班，是为满足每一个学生个性发展需要所做的制度设计，即保证在接受教育的基础上，每个学生都能接受适合的教育。然而，如何选？怎么走？以及在选课走班制下，如何管理和评价学生？如何考核和激励教师？如何确保教育教学秩序和教学质量的不断提升？这一系列问题都是普通高中学校当前面临的重大挑战。面对挑战，如何行动？无非两条路径，一是

1

在实践当中探索，一是学习别国的先进经验。芬兰是世界上较早实施高中选课走班制度的国家，其成熟的高中选课走班经验无疑值得我们借鉴。

芬兰始终将教育置于优先发展的地位，芬兰国民很早就形成共识：教育是个人福祉和国家繁荣的关键。芬兰政府强调教育的基本价值理念，而不是追求眼前利益，重视教育政策的长远性和现实性，充分发挥政府的宏观调控作用，根据社会经济发展需要制定切实可行的教育发展政策。而且，长期以来，芬兰政府将教育作为公共服务的基本价值观和主要愿景，制定政策的原则是"建立在坚定的长期愿景，艰苦的工作，良好的意愿、共识和对专业人员的尊重的基础上"，历任政府都比较成功地主导了可持续的教育改革，使学校和教师能够专注于教学，而不是疲于适应新的外部变化和改革。

芬兰自 1974 年开始对高中教育进行大规模的改革。坚持教育公平，给每个学生提供平等接受教育的机会，消除受教育的障碍，是贯穿芬兰高中教育改革之路的主要脉络，也是促进芬兰高中教育改革与教育政策不断走向成功的核心价值与理念。在教育公平基础上，芬兰高中教育改革一直遵循个性化理念，注重学生的全面发展和终身学习能力的培养，为学生更好地适应社会奠定坚实的基础。芬兰高中体现出既卓越又平等的办学特点，成为教育质量与教育公平"双赢"的典范。

芬兰高中的选课走班制度实施较早，体系相对成熟，形成了独具特色的"芬兰模式"。芬兰早在 20 世纪 80 年代就开始了选课制度的初步探索，目前，芬兰实行国家、地方和学校三级课程管理模式，由政府决定教育的总目标和不同科目的学时分配。但是，政府只会提供一个整体的课程框架。课程的制定权和管理权不是集中在政府而是下放到地方政府和学校，因此学校有较大的自主权和决策权，可以根据自身特色，按照学生的实际发展水平和社会的需求，开设适应当地学校和学生发展的特色课程。芬兰高中课程不是按照科目进行分类设置，而是按照层次进行划分，分为学习领域、科目和学程三个层次。学习领域构建了高中课程内容的整体框架，体现了学生全面发展的教育目的。学科是学习领域框架内具体的课程表现形式，在学校课程中起到承上启下的作用。学习领域之下涵盖了 10 多门学科，如芬兰语、瑞典语、外语（英、法、德、俄语等）、数学、生物、地理、物理、化学、宗教、伦理学、哲学、心理学、历史与社会、音乐、美术、体育与健康教育、职业教育与指导等。学程是学科的细化，一门学科可以按照内容和难度的不同划分为数量不等的若干学程，包括必修学程、专业学程和应用学程等 3 种模式。通常每所高中开设的必修课程、专业课程和应用课程都在 300 个学程以上。根据芬兰政府规定，一名普通高中生要毕业至少需要完成 75 个学程的学习，其中包括 47 ～ 51 个必修学程和 10 个专业学程，余下的课程学生可以根据自己的发展需要、学习兴趣、爱好和时间安排自主选修专业学程或应用学程，多选不限。学生可以根据个人的兴趣、爱好和志向，制订适合自己的学习计划，选择任课教师，具有很大的自主性、独立性和选择性，体现出浓厚的人性化色彩。

当一种新型的教学模式确定后，最为迫切的是提供相应的制度保障。芬兰自 1999 年开始实施的不分年级授课制使高中选课走班成为可能，与之相配套的学制改革——弹性学制和短期学制的实施为选课走班提供了空间。在学校管理制度方面，芬兰高中全部实施不分年级授课制以后，各学校迅速将原有的机构进行了调整，除保留原有的各教研室、行政办公室外，新增设了教导咨询办公室，建立了以服务学生为中心的学生顾问制度、辅导员制度、学生自我管理制度。通过三大制度对学生实行宽松体制下的有效管理，成为芬兰教育管理改革的又一重要特色。芬兰普通高中的招生、评价与升学制度是芬兰普通高中选课走班制实施的重要支持与保障。芬兰高中的招生录取体现出充分的平等与个性化特点，学生根据自己初中平时成绩和个人兴趣选择申请相应的高中学校，确保了学生入学选择的自由与自主。弹性的高考时间安排、多次考试机会，则凸显出学生在高中毕业时的升学机会与个性选择。以展现学生进步为核心追求，以全纳教育为价值标准的高中课程评价，充分尊重学生的个性发展。此外，芬兰完备的教育体系、基于信任的教育文化也为高中选课走班制的实施提供了足够的支持和保障。

芬兰选课走班制得以顺利实施的最为关键的因素，是强大的师资。这主要是因为，在芬兰，教师被视为文化的"开拓者"，受到整个社会的尊重和信任。教师职业吸引着那些最优秀最聪明的学生，教师是"研究型"的学者，他们需要有能力进行自主学习、创造性教学，因而，芬兰高中教师都必须具备硕士以上的学历。作为"研究型"学者的教师，被赋予最大的教学自主权，在课程纲要范围内，教什么，怎么教，用什么教科书，全由教师自由选择。芬兰的教师对自己的工作普遍感到满意，认为自己为社会的健康发展做出了贡献，而社会对他们也有足够的尊重。一般来说，在整个职业生涯中，芬兰教师会自始至终在同一所学校工作。

"让每个人都有机会通过教育改变自身命运"，这是人们对我国新一轮高考改革寄予的厚望，正是普通高中选课走班制的实施，才能将这种希望变成现实。选课走班引领着我国高中教育改革的一个全新方向：从"齐步走"到"自由行"，从"选择与甄别"到"人人成才"，进而促进普通高中育人模式的深刻变革。

本书的一个鲜明特色是，从观念层面系统呈现高中教育的"芬兰模式"所充分体现的"以人为本""以学生为中心"和"终身学习"理念，从实践层面系统介绍芬兰普通高中学校选课走班实施的具体途径与方法。让我们顺应时代大趋势，汲取芬兰高中教育的优秀理念，结合实际融会贯通地践行。期待本书能够成为我国普通高中学校推进育人模式变革的得力助手，成为广大高中教师理解新高考改革方案的有效助力。由于时间仓促，加之水平有限，疏漏与不足之处在所难免，敬请广大读者批评指正！

第一章 **1**

芬兰教育制度及高中相关政策

芬兰是目前全球教育发展最成功的国家之一。其成功的因素有很多，综合来看，离不开其所拥有的完整的教育体系、良好的师资力量、完善的制度保障、有力的外部支持等。本章通过对芬兰的基本情况、整体教育情况、颁布的教育政策，以及教育改革情况等内容的梳理，旨在构建对芬兰高中教育的初印象。

第一节　芬兰基本国情和教育概况

一、芬兰基本国情

芬兰共和国简称芬兰，是北欧五国之一，与瑞典、挪威、俄罗斯接壤，国土总面积33.8万平方公里，海岸线长1100公里，内陆水域面积占全国面积的10%，冬季严寒漫长，夏季温和短暂，全国1/3的土地在北极圈内。芬兰1917年12月宣布独立，1919年成立共和国，实行共和制和"议会代表"民主体制，议会是芬兰的最高立法机关，总统是国家元首。[①]

芬兰是一个高度发达的资本主义国家，也是一个高度工业化、自由化的市场经济体，是欧盟成员国之一，总人口553.9

---

① 中国领事服务网 http://cs.mfa.gov.cn/zggmcg/ljmdd/oz_652287/fl_653405/。

万（截至 2021 年 5 月）。芬兰实行两级行政体制，即中央政府及市镇政府，目前设有 6 个地区管理署（也称为省），分别是：南芬兰省、东芬兰省、西芬兰省、奥鲁省、拉普兰省和奥兰自治区，下有 90 个县，县仅是国民服务组织，其实际承担地方治理的基础地方政府有 416 个，包括 114 镇和 302 乡。[①]

二、芬兰教育概况

芬兰人口仅 500 多万，生活在严酷的北极气候中，使用独特的语言，自然资源有限，其国民很早以来就形成共识：教育是个人福祉和国家繁荣的关键。因此，教育也一直被芬兰人认为是经济增长、社会凝聚力增强和生活质量提高的必经之路。[②]

（一）基础好、起点高

芬兰教育事业发达，实行 9 年一贯制免费义务教育。拥有各类学校 4023 所，在校学生超过 189 万人（包括成人教育及各类业余学校的在校生）。著名高等学校有赫尔辛基大学、阿尔托

---

① 中华人民共和国外交部网站 https://www.fmprc.gov.cn/web/gjhdq_676201/gj_676203/oz_678770/1206_679210/1206x0_679212/。

② Erkki Aho, Kari Pitkänen, Pasi Sahlberg: *Policy Development and Reform Principles of Basic and Secondary Education in Finland since 1968*, Washington: The World Bank, 2006.

大学、坦佩雷大学等。全国有图书馆 7765 家，人均借阅量和人均出版量均居世界前列。[①]

（二）政府长期重视

芬兰教育政策的特点是可持续的和稳定的，不太热衷相互冲突的改革或政治方向的根本转变。因此，对芬兰教育体系成功与否的一个宏观层面的解释是，只有少数几项彻底改革改变了基本价值观结构。芬兰教育系统可谓经历了一个不断渐进的演变，而不是一场运动式的改革。这很契合教育的基本规律。

长期以来，芬兰政府将教育作为公共服务的基本价值观和主要愿景，制定政策的原则是"建立在坚定的长期愿景，艰苦的工作，良好的意愿、共识和对专业人员的尊重的基础上"，历任政府都比较成功地主导了可持续的教育改革，使学校和教师能够专注于教学，而不是疲于适应新的外部变化和改革。

芬兰政府下设的教育部是专门的教育行政主管部门，负责制定有关教育的法案、法令和决定，并负责准备与预算资金使用有关的事项。该部负责确保决策者在做出决策时掌握所有必要的信息，同时还指导其行政部门内的活动，在欧盟各个机构

[①] 中华人民共和国外交部网站 https://www.fmprc.gov.cn/web/gjhdq_676201/ gj_676203/oz_678770/1206_679210/1206x0_679212/。

中代表芬兰并参与国际合作。

根据《芬兰政府议事规则》，芬兰教育部的职责包括：日托，教育，培训和研究，艺术，文化，体育和青年工作，档案、博物馆和公共图书馆系统，宗教团体，学生资助以及版权相关工作。

此外，芬兰还设立了国家教育局。20 世纪 80 年代到 21 世纪初，芬兰曾设 11 个省级教育改革国家办事处，这些部门后来成为省级教育部门，在长达 20 年的时间内，这是决策者与教师、行政人员和负责在当地实施改革的官员之间的关键纽带，一度发挥了重要的作用。

（三）基础教育体系完整、制度完善

目前芬兰的教育体系由学前、小学、初中、普通高中教育和其他职业教育、高等教育组成，其中基础教育部分是 1 ～ 9 年级的义务教育，紧接其后的是 2 ～ 4 年的普通高中或者 3 年的高级中等职业学校，然后接续高等教育。

所有学段中，通识教育的立法和政府决议由教育部起草，并由其协调其他行政部门。通识教育包括在校日的活动以及基础艺术教育，还包括与学生和学生福利有关的事项。

国家和地方当局负责组织基础教育。国家通过《中央政府向地方政府转让基础公共服务的转移法》规定中央政府向教育

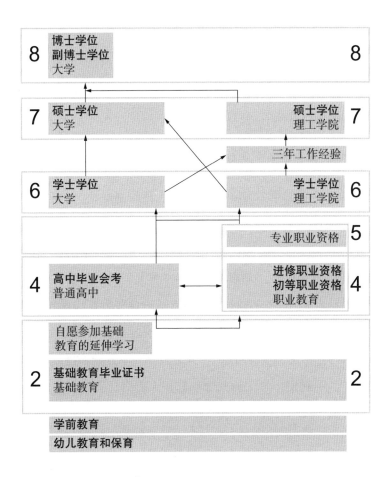

图 1-1　芬兰教育体系（芬兰国家教育局 2019）

提供者转移支付基础教育的相关费用，地方的国家行政机构则就与学生的法律保护有关的事宜提供指导。一旦需要，学生有

13

权获得足够的支持，以协助其入学学习。

此外，法律还规定教学人员必须与家庭合作，并且设立了自愿性额外学习年（10 年级）。标志性的文件是 1998 年芬兰颁布的《基础教育法》，一直沿用至今。

（四）立法保障义务教育

芬兰于 1968 年颁布纲领性文件《学校制度法》，规定全国实行全面平等的义务教育，沿用至今。1998 年颁布的《基础教育法》则进一步明确规定：每个在芬兰永久居留的孩子都有义务接受义务教育。义务教育包括 6 岁儿童的 1 年学前教育和 7～16 岁儿童的 9 年基础教育，另有基于自愿的第 10 学年可选。如果儿童由于残疾或疾病而无法在 9 年内完成基础教育目标，则可执行"扩大的义务教育"，从儿童满 6 岁开始，持续 11 年。法律还明确规定，学生的父母和监护人有责任确保学生完成义务教育。

（五）教学安排制度齐全、组织周密

1968 年颁布的《学校制度法》就要求每个市镇对如何执行学校教育制度要制订专门计划。1998 年颁布且沿用至今的《基础教育法》，进一步对教学的执行做了翔实但不死板的规定。总体而言，较侧重于学生在校的生活细节，例如学生可以免费使用教学设备，每天为在校学生提供热餐，如果上学距离超过 5 公里或者路况有危险不适合独自上学，则学生可以享受免费接送或获得交通补贴等政策。但是，学生人数较灵活，除对特殊需要教学小组允许的最大学生人数进行设定外，在普通基础教育中，每组的学生人数没有法定的最高限制。学习时间也较灵活，虽然规定了学年始于 8 月 1 日，次年 7 月 31 日结束，每学年包括 190 个教学日，但其间假期的长度和具体时间，以及关于假期的任何其他规定均由教育提供者决定。地区行政管理机构只负责收集本地区学校工作日和学校假期的信息。

（六）"第三部门"补充社会教育

"第三部门"（The Third Sector）是非营利组织和非政府组织以及维持这些组织的志愿活动和捐款的合称。这些实体是许多行业的主要组成部分，包括社区卫生服务、教育、住房、体育和娱乐以及文化和金融等。与其他国家相比，芬兰有大量的第三部门组织。根据约翰霍普金斯大学一项研究，芬兰的非营利组织和其他此类组织的总数约为 69000 人，主要是在自愿的基础上运作，可以说，它是高度自给自足的。第三部门在使教育系统满足所有人的需要和利益等方面发挥了越来越重要的作用。自 20 世纪 90 年代起，青年团体和其他组织在教育政策对话以及实施改革方面发挥了积极的作用。同时，青年组织和体育协会侧重于其活动的学习和教育方面，以使其目标与学校提供的正规教育目标相一致，这也是让更多的父母和其他成年人参与全面培养和教育青年的另一个途径。

随着芬兰经验的推广，许多国家认为，这些第三部门在芬兰民间社会和经济中承担着重要的角色，是创建高质量教育体系的关键，已有研究对其重视还很不够。

第二节　芬兰独立后的四个教育发展阶段

芬兰独立以来的一百多年间，根据其教育行政主管部门的沿革和重要标志性文件的出台，芬兰教育尤其是高中教育的发展，大致可分为以下四个阶段：

一、战争影响下的基础布局建设（1917～1943）

1917年芬兰独立。

1921年颁布了关于宗教自由、义务教育和服兵役的法律，开始规划义务教育。同年，颁布《义务教育法》，统一芬兰城乡小学学制，并将其设定为义务性的教育。还规定了小学学制6年，初级中学2年，后又增加了1年初级中学。可以看出，9年义务教育正式以法律形式确定之前，实际上的9年制初级教育体系就已基本成形。[①]

美中不足的是，从国家独立到"二战"结束，芬兰整个国家长期处在内外战争状态。在此期间，虽然芬兰也一直没有停止学校建设和补充教师队伍，但战争的影响终究不可避免。因此，这一时期芬兰的小学教育实行平行结构，在4年的初等教育之后，再分为专业学习和学术学习两条道路，这些古老的结构几十年中一直很好地服务于芬兰受阶级约束的、以农场为导向的社会。

综上所述，在独立后的几十年间，芬兰启动了大规模的学校建设，并全面修订了课程方案，使其符合独立的近代国家发展需要，同时，义务教育的思想也被写入正式文件。

二、战后工业化推动的教育转型（1944～1986）

20世纪60年代启动的学校全面改革是芬兰自第二次世界大战以来最大的教育改革，因为它对芬兰的教育发展产生了深远的影响，不仅改革了整个芬兰的教育体系，还催生了随后的教师教育改革。

1968年颁布《学校制度法》，这个文件体现了当时芬兰议会改革高中教育的要求，因此议会要求政府推动旨在发展技术、

---

① 赵广俊、冯少杰：《当今芬兰教育概览》，河南教育出版社1994年版，第5页。

商业、农业和其他特殊学校和研究领域的计划和安排，以期为与之衔接的高等教育开辟渠道。与此同时，议会要求制订一项发展整个教育系统的总体计划。

1970年出台《基础教育改革法案》，正式着手进行全国性的"综合学校改革"（Comprehensive School Act）。

1972年从北部的拉普兰开始建设新的9年制综合学校，旨在为所有的芬兰儿童提供平等的受教育机会。

1974年出台《1974年政策决定》，鼓励所有学生在接受完义务教育后继续进入高中阶段学习，将长达10年的改革重点从综合学校转向高中教育，对于芬兰高中教育的发展具有里程碑式的意义。

1980年全国正式执行9年义务教育（即1968年文件的内容），规定由国家资助综合基础学校实施。

1983年，通过了新的《基本教育法》，规定所有的学生都应该接受基础教育，这也为基础教育一体化进程的发展提供了新的起点。

1985年，颁布了新的《国家课程纲要》和第一个国家核心课程——《综合学校课程框架》，这次教育改革的核心理念是解决教育的"差异化"（differentiation）和"个性化"（individualization）。

可以说，战后的芬兰经历了从传统农业国家到工业化国家的激烈转型。由于支付战争赔款刺激了经济的彻底多样化并加速了该国的工业化进程，工作生活和技术发展对社会和劳动力的需求越来越大，从而开启了放弃旧价值观、传统制度锐意变革的 10 年。为了支持国家的经济增长、灌输公民意识和爱国主义，提高总体教育水平势在必行。

一系列教育文件的颁布，体现了芬兰对完全平等同质的高质量基础教育的追求，这也完全符合战后芬兰建设高福利公民国家的目标。当然，其综合学校实行的制度依然保留了旧学制的些微特点，可能与当时芬兰追求公平的教育理念存在矛盾，但这也是新旧交替的过渡时期难以避免的。

三、自由经济和科技进步推动的课程高质量教育建设（1987 ～ 2009）

20 世纪 90 年代初，与其他国家相比，芬兰的教育只处于中等水平。此时，芬兰政府启动了新阶段的课程改革。教育改革直指教学质量的提高和学生个性的培养，旨在满足社会不断变化的需求。加之 20 世纪 90 年代末，科学技术急剧发展，国家之间的竞争日益加剧，芬兰加快推动高质量教育建设的步伐。这一阶段，芬兰国家教育委员会通过法律强调初等教育的连贯性和连续性，以确保其义务教育的有序高效发展。

1987 年开始无年级授课试点（如罗素高中），1994 年面向全国实施推广，1998年正式立法。

1991年颁布第一个"教育研究发展规划"（Development Plan for Education and Research），目的是通过制订教育发展计划来指导芬兰教育的发展。

1994年颁布《普通高中课程大纲》（第一份），开始试行2～4年高中的制度，且每年5～6个短学期；颁布核心课程计划，这一课程计划的内容在1998年也纳入立法。大纲的第二部分明确规定高中教育的目的是"培养综合素质高、个性健康全面发展、有创造力和合作精神、能够独立探求知识、热爱和平的社会成员"。同年，颁布与之相配套的《普通高级中学国家核心课程》。芬兰的普通高中课程向前迈进了一大步，基本构建成形。

1997年实行两级行政体制，即中央政府及市镇政府，设6省114镇302乡。

1998年颁布《学校任职资格法令》。

1999年颁布《高中教育法案》，规定所有高中都要实行"不分年级制"的教学模式，不仅确保了高中课程计划的有效推进，还开始考虑高中学生的个性化需求。

2002年规定了普通高中教育和课时分配，颁布《普通高中教育国家总体目标和课程学时分配》，2004年颁布新的《普通高中课程大纲》（第二份），2005年颁布入学考试组织法和相关法令，2006年颁布普通高中阶段学生的录取标准。普通高中教育的立法逐渐完善。

通过这一阶段的建设，基础教育包括高中教育立法逐步完善，教学的改革和创新得到法理支撑。同时，初步理顺了教育行政管理体制，使得教育管理和教学探索实施较为顺利，较好地配合了国家政治体制的变更和自由经济市场的人才需求，为芬兰教育的后续发展奠定了坚实的基础。

四、信息化时代的教育机构改革和课程开发（2010年至今）

2010年教育部更名为教育和文化部。

2011年颁布关于2011～2016年教育和研究发展计划的决议。

2014年出台《高中教育和中学预备教育条例》《关于普通高中教育和课时分配的一般目标的政府法令》，颁布了《基础教育国家核心课程大纲》，并于2016年8月开始在全国范围内实施。

2017年成立芬兰国家教育局。该局隶属于教育和文化部，由原芬兰国家教育委员会（FNBE）和芬兰国际交流中心（CIMO）合并而成。其职责为发展教育和终身学习，促进国际交流与合作。

在信息化时代，传统固有的规范和良好的礼仪受到冲击。由于受过教育的老阶层强调教育的重要性和个人对国家的责任，激进青年则更重视个人及其自我表达的权利。互联网和新媒体在塑造这些不断变化的世界观和质疑传统社会价值观方面发挥了关键作用，作为一个日渐富裕的高福利国家公民，全面素养、终身学习和国际交流的需要越来越明显。

这一阶段，芬兰政府进一步完善了教育机构，理顺了教育行政管理体制，加强了职能部门管理工作的针对性和有效性，努力使教育管理和课程开发适应信息化时代的需求，芬兰教育正式腾飞，逐步受到世界各国的关注。

第二章 2

芬兰普通高中课程改革的基本情况

在全球一体化背景下，世界政治、经济、文化和生态格局竞争激烈，跨文化或跨领域合作成为世界经济共同体稳步发展的新常态。首先，教育教学作为人才发展战略的核心工作，已成为国家之间开展对话的新领域，"不同国家的教育变革也通过意识形态影响而紧密联系在一起"；其次，由于芬兰在国际数学与科学学习趋势项目（TIMSS）及经济合作与发展组织（OECD）的国际学生评价项目（PISA）等学生学习成绩的国际比较研究中表现突出，其基础教育成为国际教育界的关注热点和重点研究对象。

第一节　芬兰普通高中课程改革的背景

近些年来，芬兰高中教育的发展非常迅速，尤其是 20 世纪 90 年代以来，普通高中课程改革为不断发展的高中教育注入了大量的新鲜血液。普通高中教育是芬兰整个教育链条中最为关键的环节，同时也是芬兰特色教育的一大典范。

一、社会层面

任何历史事件及改革的发生都离不开当时的社会背景。芬兰高中课程改革也与全球化发展趋势的推动、社会公共管理主义的影响以及科教立国政策的实施等因素密不可分。

（一）全球化发展趋势的推动

随着国际社会全球化趋势的加强，国际竞争也越来越激烈。世界各国都在积极采取措施，旨在提高本国的核心竞争力，以便应对全球化带来的各种挑战。科技和经济在国际竞争中的占比较大，同时也是国家综合国力的重要体现。国家的发展对人才的需求增加，而教育首先成为人才培养的重要领地。在此情况下，世界各国纷纷反思本国的教育政策和课程体系，同时也将改革的首要目标锁定在教育领域，以期培养更多符合现代社会发展要求的高素质人才，确保本国综合国力的不断上升。全球化效应和建设可持续未来带来的挑战，推动国家和学校发生重大改变。世界各国竞相教育改革之时，芬兰也积极投入到教育改革的洪流之中。芬兰的教育，尤其是高中教育，在整个芬兰教育体系中举足轻重，是改革的重中之重。

（二）社会公共管理主义的影响

20 世纪 80 年代末至 90 年代初，新公共管理（New Public Management）在世界范围内盛行。所谓新公共管理，某种程度上而言，既可以视作国家对公共服务部门的管理方式进行变革的一种指导思想，也可以视作国家对公共服务部门管理方式进行变革的一种工具或现象。[①] 1984 年，芬兰社会强烈要求政府大力推进国家权力的下放，这种呼吁一直持续到 20 世纪 90 年代末。在这种调整下，整个社会，尤其是社会中的公民，拥有更多的自主性，主要体现为整个社会更加注重个性发展以及更加重视个体的价值。这一社会环境的转变，也意味着芬兰之前的综合课程改革很难适应社会发展的新要求，因此更加关注个性发展的综合课程改革应运而生。当然，芬兰的教育改革并不是一蹴而就的，而是一个渐进、不断摸索的过程。

（三）科教立国政策的贯彻

与我国"科教兴国"教育政策不同的是，芬兰采取的是"科教立国"的政策。从一个"立"字，足以看出芬兰整个国家对教育的重视。"科教立国"是将发展科技教育，以教育为根本、以教育促发展，培养人才作为国家的立本之策。"二战"后美国、英国以及法国都相继提出这一观点，用科技教育带动国家社会发展。受这一思想潮流的影响，芬兰结合本国特点，制定了行之有效的教育政策。为了更好地贯彻"科教立国"这一政策，芬兰开始不断地对本国的教育制度、课程设置等进行全方位的

---

① Rosemary Deem, Kevin J. Brehony: Management as Ideology: The Case of "New Managerialism" in Higher Education, *Oxford Review of Education*, Vol. 31, No. 2, 2005.

改革，以满足整个社会对人才的需求，最终实现整个国家真正的发展和飞跃。芬兰的有识之士认为，相对于其他方面的改革，教育改革尤其是基础教育的改革，才是最根本和稳定的，也是最为持续的。只有用这种润物细无声的方式，才能真正彻底地改变国家的面貌。经过几十年的发展，芬兰的基础教育已经明显领先世界上很多国家。

二、经济层面

经济基础决定上层建筑，社会经济发展水平在很大程度上会影响当时的政策导向。芬兰的教育改革受到国内经济结构的转型、知识经济时代的到来以及社会发展的要求等三个因素的影响。

（一）国内经济结构的转型

任何的改革都与当时的社会经济发展相匹配。与20世纪80年代中期之前的国家集权管理相匹配，此时的芬兰也具有部分计划经济的特征。此后受新自由主义思潮的影响，芬兰的经济逐步开始市场化。20世纪90年代，芬兰受世界经济危机的影响，经济呈现疲软态势。在这之前，芬兰经济发展在很大程度上依赖于对苏联的出口。而苏联的解体使得芬兰对外出口大幅下降，引起经济连锁反应。对此，芬兰政府积极做出反应，于 1991 年出台了节流政策，以缓解国内的财政赤字。[①]此次经济危机使得芬兰政府意识到经济结构的转型刻不容缓。在经历了漫长而痛苦的经济结构转型之后，芬兰已成为一个高度工业化和自由化的市场经济体，人均产出远高于欧盟水平，与其邻国瑞典相当，主要支柱产业由对外贸易转变为以工业为主。其次，芬兰的通信产业也非常发达，这些产业对劳动者的要求也与之前大相径庭。正是因为国内经济结构的转型，引发了其对教育的思考。社会经济的发展越来越需要有全新知识结构和创新能力的劳动者。由此，教育需要改变以往的培养目标，不能仅仅停留在语言知识的教学上，而需要以培养受教育者的创新能力为目标。而此前的课程设置不能够满足人才培养的要求，新一轮的课程改革应运而生。

（二）知识经济时代的到来

"二战"后世界全球化趋势日益明显，尤其是 20 世纪 90 年代以来，知识已经成为最重要的生产要素之一，对经济增长的作用不可小觑。1995 年，芬兰加入欧盟，欧盟、世界经济合作发展组织、世界银行等国际组织对芬兰教育政策的影响日益加强。国家经济经历了向高科技、信息技术产业转型等重大变

---

① 康建朝、李栋：《芬兰基础教育》，同济大学出版社 2015 年版，第 26～27 页。

化。[1] 这种变化对学校教育的目标、内容、教学理念和学习方式等提出了新的要求，即学校通过对学生的教育，发展其应对变化的能力，自主学习的能力，解决问题的能力，自主择业、独立创业的意识和能力，终身学习的能力和对社会的责任感。[2]
20 世纪 80 年代到 90 年代初期，芬兰高科技产业发展迅猛。社会对人才的需求激增，对人才的要求也大大提高了。为了积极应对新形势下基础教育在人才培养阶段面临的挑战，新课程改革由此拉开序幕。

21 世纪是一个以知识经济为主导的时代。在知识经济时代，各种各样的新型标准孕育而生，其中最为明显的便是对人才的要求。传统产业工作者的重要性在下降，取而代之的是新型的知识工作者。在一定意义上，这一转变即对当代各国的教育提出了新的要求。若不推进改革，则会使各国的受教育者难以适应时代潮流。自 20 世纪 80 年代起，世界各国开始反思本国的教育政策和课程，纷纷开始了新一轮的课程改革，国家之间的教育交流探讨日益增多，这在很大程度上影响着芬兰基础教育的政策变化。

---

[1] 张德启、汪霞：《芬兰基础教育课程改革的整体设计与实施浅析》，《外国教育研究》2009 年第 5 期。

[2] 程振响编著：《芬兰普通高中课程改革新进展》，中国科学技术出版社 2006 年版，第 24 页。

（三）社会发展的要求

芬兰积极推进课程改革与社会发展密切相关。首先，国家对高水平人才的需求激增。芬兰的总人口仅有 500 多万，65 岁以上老年人占总人口的比例超过 18%，是标准的高龄社会。为了保持整个经济的快速发展，国家需要源源不断的创新力，也就意味着教育要为社会源源不断地输送人才，而且是高水平的世界领先人才。因此，教育首先要进行改革。为了适应社会日新月异的变化，教育改革尤其是课程改革要同步进行，这样才能够与社会发展相匹配。其次，芬兰对教育经费投入的重视。芬兰一直高度重视教育科研投入，20 世纪 90 年代初期，芬兰经济开始衰退，但芬兰政府并没有因此而降低对教育和科研的投入，反而一直坚持实行教育科研经费持续增长战略，芬兰中央政府每年按照各个年级的学生人数下拨 57% 的教育管理经费，地方政府需负担另外 43% 的教育经费来支付校长、教师及教辅人员的工资，以保证充足的经费来源，这也为芬兰的教育改革提供了强有力的保障。近几年芬兰教育科研增长率位于世界首位，远远高于其他发达国家。2000 年芬兰的教育科研经费年增长率为 4.78%。2001 年高达 8%，为 50.97 亿欧元。2002 年芬兰的 GDP 增长率只有 7.2%，但芬兰中央政府的教育科研预算仍然比 2001 年增长 7.2%，占当年度 GDP 的 7%，而当年度欧盟国家平均教育投入为 6%。

三、文化层面

当世界上很多国家都还在推行精英教育的时候，芬兰却反其道行之，坚持教育平等，将关注点放在每一个人的身上，坚持个性发展。平等是芬兰教育政策的核心。首先，芬兰的平等精神源于"西苏"精神。芬兰普通民众都十分推崇"西苏"精神，在他们眼中，正是由于"西苏"精神的倡导，才使得芬兰的经济科技水平在世界上处于领先水平。其次，由于国内资源匮乏，芬兰深感国家的生存发展系于 500 多万人口的人力资源开发。芬兰法规规定，每一个生活在芬兰的人（包括外国人和难民）都有权接受免费义务教育，政府必须保证为每一个人提供平等接受教育的机会，以满足其能力和发展的需要。

芬兰的平等体现在社会的各个层面。以教育为例，为了实现真正的教育公平，芬兰政府教育部门总是尽力做到所有的学校都能够达到标准如一的高品质，如学校不排名，且把优秀的老师分散到全国各地。因此，芬兰教学质量的城乡差距很小。芬兰的儿童，都是满 7 岁才入学，学生上学后学校是不发制服的，也不标榜所谓的精英培养，尤其在基础教育阶段不分所谓的"快慢班"和"重点班"。此外，芬兰实行 9 年制义务教育，学生免交学费和书本费，并每天可以享用免费午餐。这样就使得所有阶层、不同能力水平的孩子均能够接受良好的教育。

　　此外，在课程设置方面，芬兰教育工作者们认识到以往实行的年级制的最大缺陷在于比较死板，不能适应每个学生的学情。而实行"不分年级制"，学生根据自己的学情自主进行选课，能够最大限度地满足学生的学习需要，为每个学生提供适合于个人条件和学习兴趣的学习资源，在德智体美劳等诸方面帮助每个学生发挥潜能。因此，教育工作者们认为应根据学生个人的学习能力来安排进度，而不应单纯按照年龄来编排班级。此外，学校不应以预先设定的标准化测量来判定学生学习成绩的好坏，而应使用更为个别化的评定来判断学生的学习效果。这种更为具体、更加客观的评价方式能够使学生从以往单一追求考试成绩的压力中解放出来，从而转化为对知识的追求，在探求新知的过程中感受到学习的乐趣，获得成功的体验。因为秉承"不放弃每一个孩子"的理念，所以需要构建新的能够惠及全社会所有儿童的教育政策，这也正是芬兰平等精神的时代体现。

　　总之，教育旨在为全体国民提供从学前教育到终身教育的免费、平等的教育机会，帮助其掌握必要的知识和技能，从而顺利地适应知识信息社会的需求。由于经济、科技与社会的发展带来学生学习环境、劳动力市场及未来社会对人才能力需求的变化，芬兰政府认为，维持传统的教学目标、教学内容和教学方法不利于培养新时代所需人才。在芬兰，学校课程是由当地教育局和所在地的学校根据教学大纲以及当地的经济、文化、资源共同设计，并在实施的过程中对课程进行自我评估的基础上逐步改进的。这些改革措施的实施在全世界范围来看都是非常大胆的，但它并不是凭空构想，也不是突然之间就实现的，而是具有长期的实践基础。

第二节　芬兰普通高中课程改革的历程

芬兰教育政策的发展是基于长期目标和战略原则的，强调教育的基本价值理念，而不是追求眼前利益，并结合社会发展需要，有针对性地修订教育发展计划，从而实现了教育政策的长远性和现实性的有机结合。芬兰高中教育的成功引起了世人的瞩目，其成功的原因离不开芬兰政府对高中课程的多次改革与逐步完善。芬兰自1974年开始对中等教育尤其是高中教育进行大规模的改革，现已形成独具特色的"芬兰模式"。因此，有必要深入分析芬兰普通高中课程改革的历史阶段，以便对芬兰高中教育的变革有一个更全面的了解。

一、20世纪70年代以前

从20世纪50年代开始，芬兰开始了从一个农业国快速向工业化国家的转变，这时对受过更好教育的工人的需求大幅增加。芬兰的初等教育体系是在 19 世纪中后期逐渐形成的。1921
年生效的《义务教育法》要求所有儿童必须至少接受 4 年的小
学教育，分轨发生在小学四年级之后（见图 2-1），它决定了青
少年未来是走学术道路还是职业道路。[①] 走学术道路的儿童在
通过入学考试之后进入自费的文法学校学习。文法学校包含初
中和高中，只有完成文法学校的学习，且通过大学入学考试的
学生，才能进入大学学习。但文法学校高昂的学费实际上阻碍
了来自贫困家庭的学生，他们只能在公民学校中继续接受 3 年
的教育，然后进入到职业学校接受最多 2 年的教育。20 世纪

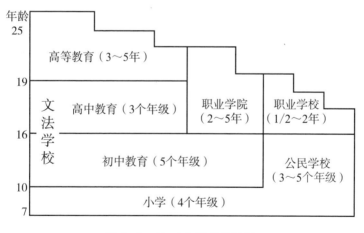

图 2-1 1970 年以前的学制

---

① Erkki Aho, Kari Pitkänen, Pasi Sahlberg: *Policy Development and Reform Principles of Basic and Secondary Education in Finland since 1968*, Washington: The World Bank, 2006.

50～60 年代，芬兰的小学教育由 4 年增加到 6 年，但小学毕业即被分流的情况仍然存在。这种分轨的学校体系将学生及其家庭分成不平等的群体。从社会和教育的角度来说，这种体系在一个正在工业化和民主化的社会中已经不合时宜。

在 20 世纪 70 年代，芬兰成为一个工业福利国家。北欧的国家福利有 4 个重要特征：强调公民享有平等权利、公共权力机构为所有公民的幸福负责、缩小公民收入和性别差距、以充分就业为目标。因此，教育一直被视为社会公平的一个基本要素，学校被视为维护社会平等的工具。人们都认为教育应该是平等的，应该为每一个学生提供平等的教育机会。

二、20 世纪 70 年代

（一）建立双向流通的高中教育体系

1968 年，芬兰议会以绝对多数通过了《1968 年学校体系法》，法律要求在全国推行之前先在部分地区实施实验性改革——综合学校改革。1972 年，综合学校改革正式开始实施，并于 1978 年完成。此次改革最大的特点是综合学校的出现。在这次改革中，原先并列的公民学校和初中合并为 9 年义务教育的综合学校，这意味着无论学生的社会经济背景和生活的地理位置有何差异，均能接受同等质量的 9 年制免费基础教育。此外，双向流通的普通高中和职业高中也建立起来。此时芬兰的高中教育呈现出两个显著的特点：

一是普高和职高具有同等的地位。首先，职业高中毕业的芬兰学生仍然可以正常升学，接受高等教育（或去综合大学、应用技术大学），获得学士、硕士学位。其次，在芬兰，几乎没有人是因为"分数不够，上不了普通高中"而被迫选择职业教育。80% 以上的芬兰职业高中毕业生会先去就业，积累几年工作经验、有了自己的求知需求后，才会去申请进入高等学校深造。很多毕业生一毕业即参加工作，并不是因为他们无法进一步求学，而是因为他们更加注重实际工作经验。事实上，芬兰大学招生处一直以来也把学生的工作经验作为重点考查的项目之一。二是芬兰的职业教育与普通教育两个轨道之间是互通的。它给每一个求学者转换人生方向的可能性，不局限于一条道路走到底。甚至，如果你没有想好自己的职业方向，可以同时读职业高中和普通高中。这样的双轨制，保证了每一个人都能成为终身学习者。统一的 9 年义务教育，免费的、不分轨的高中教育是保证高质量教育与社会公平的开始，同时也催生了之后的职业教育改革和教师教育改革。

（二）大力发展高中职业教育

根据教育机会均等原则，1974 年芬兰政府制定了《1974 年政策决定》，其主要目标是鼓励所有学生在接受完义务教育后继续进入高中阶段学习。为了满足社会对人才的需求，芬兰提高高中职业教育的地位，并把教育关注的焦点放在提高质量上。为了促进社会公平，芬兰于 1975 年制定了《扩大发展中地区的职业教育法》，政府通过增加对发展中地区职业教育的投入，扩大其职业教育的规模，推动高中教育的快速普及。

由于预测到芬兰入学儿童会逐步减少，为了保证职业教育长期健康的发展，教育部也制订了新的计划，建立临时职业教育机构，采取临时措施，如租用设备、提高学校设施的利用率等，并由国家补助所有费用。除此之外，1978 年芬兰政府制定的《中等教育发展法》，确定了新的教育目标和教育原则，为所有基础教育毕业生提供职业教育和培训，并为职业高中的学生提供进入高等学校学习的机会。

（三）改革师范教育

随着综合学校的建立，课程和教师教育也发生了相应的变化。课程的对象覆盖所有学生，综合学校的创建需要一支高水平的师资队伍，作为回应，1971 年教师培养从教师学院转到了大学，要求所有教师必须具备硕士学历，从而大幅度提高了教师从业的门槛，这也为高中教育提供了强有力的师资保障。早在全面的学校改革开始之前，教师和管理者就认识到需要更广泛的教师教育。从1967年起，教师可以参加综合学校教育学的暑期课程。1972年，改革开始时，教师们在集体谈判合同中同意每年进行3天的在职培训。

显然，仅靠教师在职培训不足以确保学校全面改革的成功实施。新学校需要更好的教师，因此，必须提高教师培训的水平。新的教师培训必须促进不同教师群体之间的平等，鼓励教师在培养技能方面的合作，并增加其持续专业发展的机会，包括增加普通学校和职业学校教师之间的互动。1965年，教育部成立了教师培训改革委员会来规划教师教育改革。小组一致提出的指导原则为培训体系的建立奠定了基础。该委员会建议：

1. 所有教师教育均以入学考试为基础，即普通高中的全国期末考试。2. 所有教师的培训必须至少持续3年，并至少获得学士学位。3. 管理教师和学科教师必须在同一机构接受教学培训，借由进修提升教学质量，维持专业水平。4. 教师的地位不应取决于他们所教的年级、学生的年龄或所教授的科目。工资不能和他们的职位挂钩，而要和他们的教学水平挂钩。5. 教师更像是一个顾问和学习指导者，而不是信息传递者。6. 必须提高学校教师培训的质量和数量。7. 需要检查教师是否适合该专业。8. 教师的学习必须包括一般研究、学科研究、教学研究和学校培训。班主任的学科研究分为一般和专业两个层次。[①]

总而言之，20世纪70年代的改革创设了9年义务教育的综合学校模式，建立了普高和职高双向互通的教育体系，并且通过完善教师教育为高中课程提供高素质的师资保障。

三、20世纪80年代

20世纪80年代，随着后工业时代的到来，新的中产阶级出现了，新自由主义思潮也开始影响着芬兰。在课程改革方面，此时地方和学校的课程自主权越来越大，能够进行本地课程大纲的研发。国家教育部门的职能也从政策指导和监督变为政策引领。

（一）国家、地方、学校三级课程体系的建立

1985年，基础教育开始由地方政府提供，芬兰由此进行了第一次全国性的课程改革。这次改革后，国家课程大纲被定位为一份纲领性文件而不是一份指导手册，也正是这份课程大纲，"以学生为中心"的思想被明确提了出来。同时，赋予了地方教育部门和学校更多的自主权，允许他们进行本地课程大纲的研

---

① Erkki Aho, Kari Pitkänen, Pasi Sahlberg: *Policy Development and Reform Principles of Basic and Secondary Education in Finland since 1968*, Washington: The World Bank, 2006.

发。自此，国家、地方和学校三级课程体系建立了起来。

从国家层面来看，教育部颁布的《基础教育国家课程大纲》引领学校管理、指导教育方向和规划课时设计。国家大纲只是粗略地规定了学科目标、内容和评价标准。从地方和学校层面来看，各个城市有当地教育部门的"地方课程标准"，是芬兰教育教学的操舵环节，通过对国家课程大纲进行详细解读和补充，把地方特色融入进去，形成可操作的具体方案，指引每个学校的日常教学。例如，结合当地的人口结构特征、经济发展水平、历史文化底蕴，有针对性地制定出符合当地学生的福利保障方案、特色课程、文化认同教育。每个学校由学校、教师、家长、学生共同制定"校级课程标准"，教师参与到课程设计之中，并享有高度的实施自主权。因此，《基础教育国家课程大纲》只起到引领作用，真正进行课程开发的是地方教育部门、学校和老师，以此实现课程的本地化、实施的自主权和个性化教学。

（二）高中课程改革

20世纪80年代，"以学生为中心"的思想在芬兰全国范围内明确提出。从1985年开始，高中通识教育经历了根本性的结构和教学改革。开发高中新课程的目的是为学校创造一个更灵活的教学结构。例如，在一个实验项目中，某所学校取消了一年一次的按年级授课的内容，取而代之的是以模块或课程为基础的学习和教学。因此，课程改革首先集中在将每个学科相关内容重新组织成一系列较小的单元，通常量化为 38 节教学课。这种以课程为基础的高中于 1982 年在芬兰全境开办。除此之外，政府还批准了教学时间的重新分配，国家通识教育委员会接受了新的核心课程，并采用学分制来确定教学资源。

（三）中职教育的专业改革

20 世纪 80 年代以来，中职教育开始关注专业改革。改革的目的是使职业教育更具竞争力，甚至可以与高中通识教育在高等教育中的学习地位相媲美。1984 年，颁布了一项关于中职毕业生进入不同大学院系资格的法令。根据该法令，大学的入学名额中，至少有 5%，但不超过 25%，为职业院校和学校的未入学学生预留。到 1995 年，这些空缺的总数本应达到 2100 个。然而，这项法令后来被废除，只有不到一半的保留空间得以实现。

四、20 世纪 90 年代

20 世纪 90 年代，由于芬兰主要贸易伙伴苏联的解体和欧美经济的萧条，芬兰的经济开始衰退，但芬兰政府并没有因此减少对教育和科研的投入，反而一直坚持教育和科研经费持续增长战略，这为高中课程改革提供了强有力的保障。

（一）"不分年级制"的教学模式

早在 20 世纪 60 年代，芬兰便着手对高中教育体制进行改革。20 世纪 70 年代初，芬兰全国基础教育事务委员会的专家考察了德国"不分年级制"的成人夜校，决定把这种新的教学模式引进到芬兰的普通高中。所谓"不分年级制"教学，是指学生不以年级为基础形成固定年级和班级，可以在服从学校基本课程要求的前提下，自主安排学习计划，自行选择课程和科目进行学习，在校学习时间可有弹性，一般可在 2～4 年完成，有特殊情况也可学习 5 年。[①]

20 世纪 80 年代以来，芬兰开始在全国多所普通高中实施"不分年级制"教学模式，并对高中整个课程体系、课程设置、课程结构和内容进行了大刀阔斧的改革。自 1994 年起在全国的普通高中推行"不分年级制"教学模式。1999 年 1 月 1 日，芬兰颁布的《高中教育法案》明确规定，所有高中都应实行"不分年级制"的教学模式。自此，以"不分年级制"教学模式为核心，旨在提高学生综合素质和主动学习能力的芬兰高中教育创新体制在全国范围内确立。"不分年级制"的教学组织形式试

[①]　李勇、李俊杰：《芬兰高中"不分年级制"教学模式及启示》，《世界教育信息》2008 年第 4 期。

图克服年级制的呆板和机械。众所周知，年级制最大的缺陷是不能适应每个学生的需要，学生学习不分好坏快慢，到学年结束一起升级。"不分年级制"的教学模式，要求按照学生不同的才能、学习进度、学习方式和理解方式等，为他们制定适宜的学习内容和学习程序，并且不再以预先决定的标准来测量学生学业的成败，而是以更客观的个别化评定来取代。

（二）高中学校课程框架的改革

1992 年，芬兰颁布新的《普通高中法案》，指出高中教育的目的是促进学生的发展，使之成为平衡发展的、健康的、负责任的、独立的、有创造性及热爱和平的个人和社会成员。1994 年，芬兰全国教育委员会根据 1992 年的《普通高中法案》制定了《普通高中课程大纲》，对 20 世纪 80 年代以来的高中教育改革，尤其是课程改革的许多措施做出了总结和肯定，成为芬兰历史上一次最有力度的课程改革。此次改革的内容可以概括为以下几个方面：

1. 实行弹性学制

过去芬兰高中实行 3 年的统一学制。1994 年的《普通高中课程大纲》规定，高中基本学制仍为 3 年，并按此设计高中阶段的学习内容，但学生可以在 2 ～ 4 年内完成高中的学业。这意味着学生可以自己选择读 2 年、3 年或是 4 年的高中，不需要经过老师或校长的批准。有些学校，学生甚至可以将高中阶段的学习延长到 5 年。

2. 编制"模块"课程

芬兰普通高中的学习内容分成若干学科或学科群，相当于很多国家的"学习领域"。每个学科或学科群包括若干"课程"，每门课程用 38 个学时完成，所以每门课程的"容量"比较小，相当于教学模块或单元。例如，芬兰语的必修语言课程分"作为获取和传递信息的工具""从艺术到自我表现""文本的建构与解释"等 6 个模块。实行模块课程，主要是为了便于学生选择。这里可以把每门课程看作一块"积木"。在传统模式下，每个学科相当于一块"积木"，学生只有 10 块左右，可以拼出的模型有限。在模块课程中，每个学科相当于若干块"积木"，数量增加了几倍，可以拼出的模型也会呈几何级数增加。同样，每块"积木"大小相同（都等于 38 个学时），也是为了各个"积木"之间可以随意的置换、搭配。把每个模块整齐划一为 38 个学时，有人为、机械的一面，但实际上为学生的选课带来很大的方便。

3. 实行短学期制

1994 年以前，芬兰同大多数国家一样，每学年两个学期，这次改革将每学年划分为 5 ~ 6 个学期。这一措施是与模块课程相联系的。每个短学期 6 ~ 8 周，学生选择 5 ~ 6 门课程，每门课程在每个短学期内完成。实行短学期有两个优点：第一，在每个短学期内学生集中学习几门课程，与过去相比能减少并学课程，有利于学生对所学课程的掌握。第二，每个学年有5～6个学期，有些课程，特别是一些基础的、重要的必修课程，可以在一年内多次开设，这样既能保证学生在某一学期不能选择这些课程时，还有另外的机会，也能使某些学生第一次不能通过某门课程时有第二次学习的机会。

4.增加学生课程选修和独立学习的空间

增加学生的课程选修空间，是这次改革的一个重要方面。前面所说的几个措施，包括弹性学制、模块课程、短学期制等，在某种意义上都是为此服务的。根据规定，高中阶段的课程分为3类：第一类是必修课程。必修课程也称核心课程，是每所学校必须开设的课程，也是每个学生必须完成的课程。必修课程共有45～49门，政府对每个学科必修课程的数量做了规定。例如，芬兰语有6门、历史与社会5门、生物2门、物理和化学各1门、数学6～10门。第二类是专门化课程。专门化课程是对应于每一个学科的，政府对每个学科专门化课程的数量也有规定。例如，芬兰语有2门专门化课程，历史与社会3门、生物2门、物理7门、化学3门。专门化课程共有60门左右。值得注意的是，这些课程是学校必须开设的，但学生不一定全学。按照规定，每个学生从这些课程中至少学习10门即可。因此，专门化课程相当于通常所谓的"限定选修"类课程。第三类是应用课程。应用课程是芬兰高中课程的一个组成部分，从课程管理的角度，它属于学校开发和实施的课程；从课程的规定性的角度，它是学生的任选课程；从课程内容来说，它包括方法论课程、涉及几个学科的整合性课程，或其他教育机构课程计划中开设的课程。它还可以包括为移民学生开设的用芬兰语或瑞典语讲授的课程，以及用学生的母语开设的课程等。应用课程是最灵活多样，也是最能体现学校特色的课程。

5.加强对学生的管理与指导

实行弹性学制、短学期、增加课程的多样性和选择性，尤其是取消传统的年级和班级，使教学组织形式变得很灵活。同时，这些措施也带来学生管理上的新问题。为此，芬兰采取了一些有针对性的措施，如建立学生顾问制度、辅导员制度和学生自我管理制度。

学生顾问制度：每个学校都设有专业的学生顾问，其专职工作就是解答学生学习、生活中遇到的各种问题。

辅导员制度：新生入学伊始，无固定的班级，但学生被分为25个人左右的不同管理小组，每组有指定的辅导员。辅导员由学校教师担任，主要负责学生的行政日常事务，组织每星期一次的例会，向学生传达学校的教学计划，安排集体活动，解决学生日常生活中遇到的问题。

学生自我管理制度：一些品学兼优的高年级学生经选拔可

担任新生辅导员工作，具体做法为：进入第二学年的学生，可以申请报名担任低年级学生辅导员，以自身的经验和体会帮助新生尽快适应高中学习生活。

芬兰通过不分年级制改革，对整个高中教育系统进行了大刀阔斧的改革，形成了独具特色的芬兰教育模式。

五、21 世纪以来

为了积极应对新世纪对人才培养所提出的挑战，在终身教育思潮的影响下，芬兰不断加大改革的力度。

（一）以培养 7 大横贯能力为目标

2004 年颁布的《普通高中课程大纲》，除了巩固已有的改革成果之外，进一步强化了自然与技术。2014 年，芬兰国家教育机构颁布了《基础教育国家核心课程大纲》，并于 2016 年 8 月开始在全国范围内实施。在此次改革中，芬兰国家核心课程注重培养学生的横贯能力，即跨学科的学习能力。芬兰教育部门认为 2004 年颁布的国家课程已无法达到迎接未来挑战和学生学习要求的标准和水平。例如，学科之间过于孤立，教学目标和学习需要不够明确，教学方式需要改变以及需要更为多样化的评估方式。新的国家课程是建立在芬兰教育体系的核心优势也就是基于合作和信任的民族文化的基础上，同时取决于芬兰高水平的师资和运营良好的课程体系。

芬兰的国家基础教育课程标准中，明确规定了基础教育课程的总目标，也是芬兰教育着力培养学生的核心素养，包括7大横贯能力：思考与学会学习的能力；文化感知、互动沟通与自我表达能力；自我照顾和日常生活技能；多元识读能力；信息技术能力；职业技能与创业精神；参与、投入并构建可持续性未来的能力。[①] 这7大横贯能力是相对于传统的学科能力而言的，指贯穿于不同学科和领域需要具备的通用能力。这种能力跨越学科界限，需要将不同领域的知识和技能整合起来，以保证学生未来能够面对个人发展、学习、工作和参与公共事务的各种需求。

（二）"现象教学"的实施

2016年8月，芬兰实施的《国家课程框架》中明确规定："从2016年秋季起，面向7～16岁学生的所有学校必须在课程大纲中留出一段时间（每年至少一次，持续数周）用于跨学科的现象教学。"现象教学，顾名思义，是指围绕学生感兴趣的现象开展的跨学科教学方式，它的教学内容源自学生生活中遇到

---

① New National Core Curriculum for Basic Education: Focus on School Culture and Integrative Approach, Finnish National Agency for Education, 2016.

的各种现象，采用项目式的教学组织形式，不再以传统的学科体系进行分科教学。学生在学习时可同时与多位学科教师互动，课程教学的目的不再是单纯的学科教学，而是将学科教学和学生能力培养相结合。

此次改革后的新课程具有以下特点：一是制定过程互动性强，主要表现在教师在课程制定过程中扮演了极为主动的角色，新的国家核心课程是芬兰各地一线教师与教育专家共同商讨制定的[①]，这种互动性极强的课程制定过程保证了课程的顺利实施以及教师教学的效率。二是强调不同学科教师之间的合作交流。新课程强调在教学过程中使用现象教学，现象教学的精髓在于不同学科教学教师要相互合作、学习、交流，以期在新课程的背景下建立一个跨学科学习模式。如对于当今世界正备受关注的"全球变暖"这一现象，可以在教学过程中从不同的视角、不同的学科去探讨，例如数学、地理、生物、英语等。这样的课程以及课程实施方式能够培养学生的多角度思维以及发散性思维能力。三是培养学生的横贯能力，即上文提到过的7大横贯能力。

（三）"学分制"的引入

芬兰最新一轮普通高中教育改革于2019年开始实施。此次

---

① 谭方亮：《芬兰基础教育课程改革及其启示》，《师道》2019年第2期。

改革以全纳教育成功实施为核心目标和价值引领，引入学分制，加强不同课程交叉融合，强化通识教育，创建高度个性化和灵活的学习路径，为所有学生提供充分的学业指导和多元的支持服务，增强普通高中教育与高等教育之间的深度协同关系，使普通高中学生平稳接受高等教育。新学分制课程结构一方面能为所有学生提供灵活的修学时间选择，推动教学组织形式更加灵活多样；另一方面能够更好地将普通高中学习结果与高等教育的"先前学习认可"机制对接，有利于普通高中学生平稳接受高等教育。同时，学分制的引入为不同课程之间深度融合提供了可能性。通过不同课程交叉融合，构建多样化交叉课程学习模块，围绕不同学习主题探究个性化的学习和教学模式，能为学生提供更加灵活的协同型学习环境，使学生形成整合型的知识结构，从而确保学生获得未来社会所需的知识与能力。[①]

第三节　芬兰普通高中课程改革的特点

一、与时俱进，教育体制灵活

芬兰高中教育是芬兰教育乃至世界教育举足轻重的一部分。

---

① 《芬兰：新一轮普通高中教育改革将于 2019 年实施》，《中国德育》2018 年第 22 期。

芬兰普通高中的课程改革已有多次，而每一次改革都是对时代主流的一种反映，且改革面向未来，对推动社会发展具有深远意义。1994 年，芬兰全国教育事务委员会颁布了《普通高中课程大纲》。1999 年 1 月，芬兰颁布了《高中教育法案》，在全国全面推行"无班级授课制"。2004 年，芬兰全国教育委员会在课程设置上进一步强化了自然科学与技术在高中课程中的比重，基于原来的课程大纲进行调整，并编制了新的《高中学校课程框架》。

（一）必修课选修课并行，课程按模块开展

自改革以来，芬兰高中在课程框架结构方面，提高了选修课的比重，而且开设专门化和应用性课程。专门化课程是学科领域的主干课程，应用性课程是校本开发和实施的课程。课程种类繁多，且协调了课程的独立性和学科内在逻辑联系，注重与现代科技和社会生活的联系，同时规定学生在每个模块学习的最低任务量及最低时长，保证学生在框架内全面发展。该举措在一定程度上反映了现代社会科技发展对教育改革的要求，以及芬兰教育始终保持活力的传统。

模块化课程是芬兰课程改革最具特色的举措之一。1994 年颁布的《高中学校课程标准》规定，高中阶段要完成 75 门课程，这里所说的"课程"指的是传统意义上的课程的一个组成部分或模块，即新课程将每一门传统课程分解成了若干模块。如，将母语（语文）划分为 6 个必修模块和 2 个选修模块，将生物划分为 2 个必修模块和 2 个选修模块。每个课程模块的课时都是 38 个学时。[①]

（二）取消固定班级制与年级制，学制年限灵活

取消固定班级制与年级制是芬兰课程改革的一大创举。学生按照自己的选课进行对应课程的班级学习，该班学生可以是新生也可以是即将毕业的学生，打破了常规班级和年级的界限，同时兼顾促进学生个性化发展和培养学生的自主学习能力。1994 年的《高中学校课程框架》打破了芬兰高中以往的固定 3 年制学制，学生可以根据自己的能力水平，在修满规定课程后，于第 2 ～ 4 年毕业，并且不需要通过校方和老师的批准。该举措充分尊重了学生的个体差异发展，让学生以更合理的状态进行学习。

此外，芬兰打破了传统的两学期制，把每个学年分为 5 ～ 6 个学段，每个学段包括 6 ～ 8 个星期，各学段的最后一个星期为考试周。除此之外，还把一门课程从过去平均每周学习 2 个

---

① 张奕婧、郑一筠：《21 世纪以来中国和芬兰高中阶段课程改革的比较研究》，《外国中小学教育》2011 年第 4 期。

学时提高到 6～8 个学时，大部分学校还把每节课的授课时间从过去的 45 分钟延长为 75 分钟。[①] 学生在一个学段内相对集中地学习一门课程，便于对该方面知识的整体把握，同时也便于教师对知识进行模块化教学。

（三）咨询指导体制完善

由于学生选课自主空间大，课程设置种类丰富，学生无固定班级上课，为确保学生能够有效选课，学校能够有序管理，咨询指导体制应需而生。学生顾问制度、辅导员制度和学生自我管理制度等都是对该体制完善的反映。学生顾问不需要进行教学，但需要对学校管理制度、课程设置有全方位的了解，且有能力解答学生日常生活以及学习生活中遇到的各种问题。学生顾问最重要的工作就是为学生的选课提供有效建议，同时帮助学生制订合理的学习计划。虽然学生没有固定的班级，也没有班干部制度，但是入校之初被分为 25 人的小组，每个小组有一位辅导员依据学校的规章制度和学生顾问的统筹安排对小组进行管理，其中包括例会的组织、集体活动的安排等。另外，一些高年级品学兼优的学生可以自愿担任新生辅导工作，从而提高自身的组织管理能力，学生参与管理也有利于教学工作的

---

① 王楠:《芬兰的高中课程设置》,《网络科技时代》2008 年第 13 期。

开展。

二、坚持教育平等，以终身学习为培养目标

坚持平等精神，给每个学生提供平等接受教育的机会，消除受教育的障碍，是贯穿芬兰教育改革之路的主要脉络，也是促进芬兰教育改革与教育政策不断走向成功的核心价值与理念。在培养目标上，芬兰高中教育贯彻终身学习理念且注重高中教育与大学教育之间的衔接，以便于学生对未来学习的选择。

芬兰的相关法律规定，受教育是全体公民的基本权利之一，每一个生活在芬兰的人（包括生活在芬兰的外国人）都有权接受免费的义务教育，并且地方政府有责任和义务保证为每一个人提供平等接受教育的机会。当其他国家还在倡导精英教育时，芬兰却认为教育中绝不允许标榜精英，坚持让每一个学生公平接受教育。不论是教育制度的设计还是教育资源的分配，芬兰都坚持从平等出发。事实上，北欧国家都很注重教育的平等，而芬兰之所以能在众多国家中脱颖而出，关键在于使用了"专注"的教育发展策略，也就是把资源配置在"最需要的地方"，如针对学习迟缓者的教育。因此在教育资源配备的国家评比中，芬兰成为运用教育资源最有效率的国家之一。在课程设置上，芬兰高中重视学校内部发展和学校与周围社会的关系，从而增强学生的社会适应能力，让学生在接受学校教育的过程中潜移

默化地养成终身学习的习惯。

绝不放弃学习慢的孩子，提升学习迟缓者的学习能力，是芬兰"专注"策略的一大重点。当学生出现短暂的学习困难时，教师会根据其实际情况提出辅导和矫正计划，在课堂上或者课后进行个别辅导，费用由政府负担。在学生出现学习困难的早期进行辅导，有轻微学习障碍的学生基本能很快克服，一两个月之后就不再需要这种额外辅导了。学校一直坚守的教育理念是"宁可让学得快的人等，也不能让不会的人继续不会"。因此，芬兰教师从来不会有赶进度的压力。芬兰反对对学生进行任何形式的"分类"或"排名"，所有学生一律平等。

芬兰综合学校间的差距很小，来自城市和乡村地区的学生在国际学生评价项目的测评中成绩差异都不太明显就是一个有力的证据。而在课程改革之后，教育机会也越来越公平，这主要体现在对来自不同社会经济背景的学生家庭的调查中。在参与国际学生评价项目测评的经济合作与发展组织国家中，比如德国和其他中欧国家，学生的社会经济背景是影响学生表现的突出因素。普遍的现象是，家庭社会背景较好的学生，学习表现尤其突出。但是在芬兰，调查数据显示，来自较低社会经济背景的学生，其综合表现也高于经济合作与发展组织各国的平均值。

与改革前注重"教什么"相比，新核心课程更加关注"怎么做"。同时，新核心课程在文字表述上也发生了变化，以前的课程体系通常使用"学生将学会""学生将了解"等表述，新核心课程将其表述为"支持学生""引导学生提高能力"及"鼓励学生"等。与此同时，在课程结构上，新核心课程包括主体部分和学科相关部分，并按照年级划分，学科被细化到 3 个不同的学习阶段，从而使每个学习阶段的课程总目标更加具体且易于操作，按照综合学校的结构设置使课程目标更加清晰。[①]

上述一系列政策与举措，充分说明了芬兰教育高度重视为所有学生提供平等的教育机会，并且这一理念始终贯彻在普通高中课程改革之中。学生之间、学校之间的差距很小，让学生能够在一个平等的教育环境中成长，也为终身学习的培养提供了平台。平等的受教育权是芬兰教育最核心、最基本的理念，不论城乡、不论族裔、不论性别、不论财富地位，每一个芬兰人都享有国家提供的无差别的基础教育。强调教育平等的结果是，芬兰是全球教育落差最小的国家。也正是因为平等的基础教育，才为普通高中课程改革的实施奠定了基础，为终身学习培养目标的实现创造了可能。

---

① 谢银迪：《芬兰将废除传统学科，开展"主题教学"？》，《内蒙古教育》2016年第 7 期。

三、教师社会地位高，教学质量优化

芬兰高中学校法令明确规定，必须具备硕士及以上学历，并通过教师资格考试，才有资格申请高中教师职位。由于国家重视基础教育，对教师的选拔和要求十分严格，因而教师的工作得到了社会的广泛尊重和普遍认同。同时，芬兰教师具有较高的社会地位，工资待遇相当于国家公务员的水平，教师成为芬兰年轻人心仪的热门职业，芬兰教师系统由此形成了一个良性循环。

在旧的教育体制下，教师习惯于遵循传统的教学模式，沿用老旧的教材和教案，知识的传授方式一成不变，难以调动学生学习的积极性。改革后的教育体制对教师提出了新的要求，一门课程会由不同的教师教授，这是学校对教师竞争机制的改革。教师若要开课，必须达到学校规定的最低开课人数。那么，为了吸引更多的学生前来选择自己的课程，教师就要尽可能使教学内容丰富，教学风格贴近学生思想，教学手段新颖生动。若某些教师教学观念陈旧、课堂缺乏趣味性、教学质量不高，那么听课的学生就会少之又少，甚至无法开课。这种情况下，教师就必须不断充电，追求新知识，探索新方式，采用新手段，以期吸引学生。

新的教育改革体制要求学校聘用更高水平和更高素质的教

师队伍，学校也开始更加重视师资队伍建设，确立了对高中教师进行终身教育的观念，以多种方式对教师进行继续教育。鼓励教师互相交流，观摩学习，提升自己的教学技能，更新教学观念，保证学校的教育水平不断提高。对于选课中存在弱势的教师，各教研室将帮助其查找原因，改进教学，使学校教育水平保持在一定的水准。同时，为了不断加强师资队伍的力量，鼓励教师学习，学校还会定期选拔一批优秀的教师参加进修与培训，追求更高的教学技能和教育质量。学校同时也鼓励教师自费进修，芬兰虽然没有专门的师范院校，但是几所大学均设有教育学院。而这些教育学院为满足芬兰高中课程改革的需求，除开设常规的课程之外，还根据改革的实际情况，增设了教育咨询专业，用于培养专业的教育咨询师。此外，大学和其他教育机构为教师提供终身培训。在国家、地方政府和学校的合力作用下，芬兰的师资队伍建设工作充分落到实处，竞争机制下的教师队伍综合素质也将迈上一个新的台阶。

四、教材不做强制要求

芬兰国家核心课程大纲只规定了公共科目和课时分配，至于学校具体要教什么、怎么教、什么时候教、教材怎么选择等，完全由地方、学校和教师自主决定。这是基于芬兰社会中多年形成的对教师、学校的教育的高度信任。芬兰人口少，教师比重大，因此对于小班教学开展十分有利，教师本身知识水平高，也有能力对教材进行把控。同时还凸显了教育教学的地方特色，以及与社会真实情景的融合，且课程改革后，教师越来越强调整合与主题（现象）性教学，教材的开放空间由此更加广阔。另外，学校一般会配备一个藏书非常丰富的图书馆，并且有便利的校园网络资源供学生使用，学生可以根据自身学习需要去查阅相关资料。

以罗素高中为例，学校希望学生更多地在教室外学习，营造信息化学习环境，因此，基于课本的学习正在改变中。在安全的教育环境下，学生可以去博物馆或户外以及企业切实感受知识，而不局限于课本所承载的知识，同时培养学生开放的思维。科学技术的发展和主题教学的开展，也让传统教材不得不走上改革的道路，纸质教材篇幅有限，内容有限，电子书以及网络查阅的方式让学生能够高效收集到所需资料并加以运用。

学科之间的分化与融合对教材的编订产生了一定程度的影响，国家教育委员会不再统一审查教材，所有的教材都由国有、私有出版社自行组织编写出版。不同的出版社所发行的教材具有自身的特色，为了在教育领域中占有市场，出版社会根据教师和学生的需求不断对教材进行改编和提升质量。而课堂中所用的教材由任课教师从各大出版社中进行选择，报备校长处获批准之后就可投入课堂使用。当然，学校和老师也可以选择自行编写教材和教辅资料来实现学校的培养目标。

五、地方政府与学校形成教育合力

为落实芬兰政府提倡的让人人有免费接受教育的平等机会，芬兰城乡政府因地制宜开设瑞典语学校或班级。为贯彻芬兰"一个都不能少"的教育理念，针对部分学习困难的学生，学校开设专门的特殊班为他们提供半日或全日的教育。同时，坚持不把学生按成绩分为优等生、差生，不给学校排名次，不办"重点学校"等。教师无权挑选学生，明确规定每个教师都有义务和责任教育好不同类型的学生。课程的设置是各地参照教学大纲，根据地方实际情况，在教育局的协助下，共同设计的，并通过课程的自我评估不断进行改进。当地政府每月会定时召开校长会议或举办培训班等，旨在提高校长的管理水平，促进学校更好的发展。另外，大多数学校都会设董事会，由5名家长、1名教师、1名学生和几名社会成员组成，校长担任秘书。董事会的主要职能是讨论课程安排以及与当地社团、企业合作等事宜。董事会的设置在一定程度上促进了学校教育的公开、公正和透明，有利于学校为学生提供更优质的教育。

芬兰各城乡政府与学校共同努力，积极贯彻一系列方针政策，认真行使管理和教学职能，为提高办学质量和办学效益不断奋斗。真正做到了让居住在不同地区、智力不等的同龄人，都有机会接受同样的教育。不会出现因贫困、交通困难、智力原因或者身体有残疾而无法进入学校接受教育在家辍学的学生。同时，这种城乡政府和学校共同发挥作用的教育管理体制，也最大程度地满足了所有学生的求知欲和个人发展。

六、学生评价标准多元化

课程改革之后，对学生的评价不论是目的还是方式都有了很大的改变。芬兰高中对学生评价的最主要目的是激励学生。芬兰教育者一致认为，评价不只是要奖励强者、听话者或者顺从者，还要激励后进者，尤其是要促进那些具有不同特长的学生的发展。评价不应只在学生之间进行，还要重视学生的个人内部差异评价，即不同阶段发展差异的评价。评价不应只注重结果，更应该关注过程，学校十分重视对学生发展过程的评价。评价的标准多样，不仅包括学习动机、情感等方面的发展，还要关注学生非智力因素的发展。评价的方式更加多样化，不仅是通过考试来对学生进行评价，还可以通过论文、实验等。评价的主体不再限于教师，来自社会和家长的评价也是重要的参考指标。芬兰高中课程改革后的评价模式旨在发挥学生的主体性，培养学生终身学习的能力，为学生进一步主动获取知识技能并获得终身发展创造条件。

芬兰高中对学生各学科的评价是通过各学段最后一周的考

试进行的。课程考试成绩实行 10 分制，4 分以下（包括 4 分）为不及格。学生如果每门课只有一个考试不及格，并不会妨碍学生继续选修该课的高级课程。学生可以在自己准备充分后参加补考（补考不限次数），最终的成绩为补考中所得的最高的一次成绩。但如果同一门课程中有两个考试不及格，那么学生不能继续选修该课程的后续高级课程，必须重新学习并通过考试才能再继续学习。

由于芬兰学校没有留级制度，学生的学习成绩也不是"一考定音"，因此学校不会有成绩优异学生和成绩较差学生的差别。考试成绩也不是学校评价学生的唯一标准，新的评价标准着眼于学生的综合素质，并日趋多元化。比如，学生参加社会活动和自我管理活动的表现也会被计入考查范围，这样不仅保证了学生的多方面发展，而且保证学校可以从多角度来评价学生。

总体来说，芬兰经过多年对高中教育体制改革的探索，在实践的基础上，形成了具有自身特色的高中教育体制和模式。这种课程改革和教育体制能够最大程度地发挥学生学习的主动性，培养学生对相关课程的兴趣，调动学生学习的积极性。能够充分发挥每个学生的智力和潜能，培养学生的综合素质、自学能力和特长。同时，课程改革也较好地体现了教育的公平性，学校不仅可以充分利用教育资源为学生提供优质服务，同时通过与当地政府部门的合作，为当地学生提供最优化的课程资源。不仅为成绩好的学生提供更大的发展空间，也考虑了成绩较差的学生，为他们提供了更多的学习机会和学习期限，有利于促进国家教育整体质量的提升。

第三章 3

芬兰普通高中选课制度的构成

　　在最近的一次课程改革中，芬兰颁布《国家基础教育核心课程》，提出了 7 大核心素养，并基于此构建了相应的课程体系。新课程标准强调培养学生联系或贯通不同学科和知识领域的能力。为了维护芬兰高中统一的教学质量，同时给予学生充分的自主选择权，集中体现为学生自由选课。为使学生更好地适应社会奠定坚实的基础，芬兰实行国家、地方和学校三级课程管理模式，这不同于传统的课程按照科目进行分类设置，而是根据层次进行划分，分为学习领域、科目和学程。此外，芬兰普通高中学校实施的选课制度之所以能取得成功，也与其建立的一套高效的学生管理与咨询制度密不可分。

第一节　芬兰普通高中课程设置的模式

一、芬兰普通高中三级课程管理模式

　　芬兰实行国家、地方和学校三级课程管理模式，由国家决定教育的总目标和不同科目间的学时分配。但是，国家只会提供一个整体的课程框架，也就是国家课程的主要职能。地方和学校在此基础上，制定自己的课程实施方案。课程的制定权和管理权不是集中在国家而是下放到地方政府和学校手中，因此他们有较大的自主权和决策权，可以根据地方和学校的特色，

按照学生的实际发展水平和社会的需求，开设适应当地学校和学生发展的特色课程，有利于加强学校和当地政府的交流，也有利于特色学校、特色课程的建设和发展。

（一）国家课程

国家的核心框架规定了课程的总体范围和大致方向，是地方和学校课程制定的依据，其内容主要包括以下几个方面：对课程的总体介绍，规定普通高中的基本价值和角色，简要介绍教育的实施，规定如何对学生进行支持和指导，介绍学习目标和教育的核心内容，介绍学生评价。[①] 国家核心课程文件包括对课程的整体规划，是具有指导性的大纲文件。在芬兰国家核心课程框架的科学指导下，芬兰学生在国际学生评价项目测评中表现优异，被认为是国际基础教育的领先者。自 2000 年以来，国际学生评价项目测试每 3 年进行一次，芬兰学生的优秀表现一直备受关注，但近几年他们在科学、数学、阅读方面的成绩有下滑趋势。[②] 这一问题引起了芬兰有关部门的反思，同时也成为芬兰 2016 年国家核心课程改革的背景之一。2016 年秋天开始，芬兰

[①] 李家永：《20 世纪 90 年代以来芬兰普通高中的课程改革与发展》，《比较教育研究》2010 年第 6 期。

[②] 段素芬：《芬兰国家核心课程改革的最新动向及启示》，《淄博师专学报》2017 年第 1 期。

的中小学开始全面实施新的国家核心课程。此次改革的亮点是在教学大纲中增加了"基于现象的学习"，这是芬兰此次改革的一个重要尝试，是一种与传统单个科目学习相对的新式跨学科学习的方法，学生在学习时可同时与多位学科老师互动，课程教学的目的不再是单纯的学科教学，而是将科目教学和学生能力培养相结合。芬兰现行的国家核心课程是由国家教育委员会专家连同芬兰各地的教师合作制定的，具有极强的可行性。

（二）地方课程

芬兰实行三级课程标准体系，强调国家指导、地方决策、合作办学，强调地方课程的重要性。芬兰几乎每个城市都有适用于当地的"地方课程标准"，其内容主要是在国家核心课程大纲的基础上，根据当地的教育情况进行恰当的补充和拓展，使其更加本地化。在地方课程的开发中，芬兰各地的教育部门、大学研究者、学区行政长官、校长和教师代表成立工作坊，经过充分考虑各方面的因素，互相协商后确定地方教育目标、课程设置、学时分布以及教学资源分配等。与此同时，各个地方的教育部门通过参考当地高中学校的操作环境、地方价值选择、竞争力优势及特殊资源，充分开发具有地方特色的课程资源，研发符合当地学生情况的特色课程，丰富地方课程的种类，更好地培养学生对地方文化的认同感。

（三）学校课程

在芬兰，每所学校都享有较大的办学自主权，可以由校长、教师、家长、学生共同制定"校级课程标准"，进行校本课程的开发。在基本落实国家核心课程大纲的前提下，每个普通高中学校都可以根据当地的经济实力、区域文化，结合本校的师资水平，兼顾学生的兴趣需求，设计富有学校特色的专业课程和应用性课程，拟订更具个性化的学校课程计划。在校本课程的开发过程中，每位一线教师都可以充分参与课程设计，并享有高度的课程实施自主权。例如，在芬兰著名的罗素高中，必修课比例只占到了 30%，而选修课比例高达 70%，其中超过 50%的课程是学校自主研发。丰富的校本课程能够满足学生的学习兴趣，增加学生的选择机会。

二、芬兰普通高中课程设置

芬兰高中课程不同于传统按照学科进行分类设置的课程，而是按照层次进行划分，分为学习领域、学科和学程 3 个层次（见图 3-1）。学习领域构建起了高中课程内容的整体框架，包括母语及文学、外语、数学、环境与自然科学、心理学、历史学、社会学、美学、体育教育、健康教育和教育与职业指导等，课程整体框架体现了学生全面发展的教育目的。学习领域属于

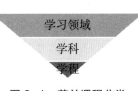

图 3-1　芬兰课程分类

上位的学科，学科是学习领域框架内具体的课程表现形式，在学校课程中起到承上启下的作用。学习领域之下还涵盖了 10 多门学科，如芬兰语、瑞典语、外语（英、法、德、俄等）、数学、生物、地理、物理、化学、宗教、伦理学、哲学、心理学、历史与社会、音乐、美术、体育与健康教育、职业教育与指导等。学程是学科的细化，一门学科可以按照内容和难度的不同划分为数量不等的若干个学程。例如，数学科目可以按学习内容的多少和难度的不同分为基础学程和高级学程，其中基础学程包括"统计与概率论""用数学方法解决问题""几何""数学模型""数学分析""数学研究方法"等 6 个必修学程，而高级学程包括"函数与方程式 I""函数与方程式 II""几何""解析几何""三角与向量""微分 I""微分 II""积分""统计与概率论""数列与级数"等 10 个必修学程。因此，仅数学一门科目就划分出 10 多个不同的必修学程，学生选择的范围越来越广，不仅拓宽了学生的知识边界，也满足了学生的多种需求。

为了维护统一的高中教学质量，也给学生提供更多自由选择的空间，芬兰高中课程设置除了按照层次划分，同时也在学程下面进行了细分，学程包括必修学程、专业学程和应用学程等3种模式（见图3-2）。必修学程是在全国范围内统一实施的核心课程，要求所有高中学生都必须修完，目的是让学生达到国家对于高中生的基本要求。专业学程是对必修学程的延伸和拓展，一般都是与必修学程直接相关的后续课程。为保证科学性和教学效果，专业学程是由国家、地方和学校共同商讨制定的。每一个学生除了完成规定的必修学程之外，还要完成一定量的专业学程。应用学程由各个学校根据自己的实际情况，包括学校教学设备、学校环境、师资力量等方面自行制定，具有很大的灵活性。应用学程旨在为学生提供专门的实践性知识，包括方法论、职业技能、学科交叉、学科整合等一系列综合课程。应用学程可以是职业性的课程或者符合学校教育任务的研究，或是教育者和其他教育机构的教育任务等，学校和教师可以因地制宜开展应用性学程。芬兰一般每所高中开设的必修学程、专业学程和应用学程都在300个以上。而学生要毕业就必须按照国家课程设置的要求修满75个学程，其中必须包括47～51个必修学程和10个专业学程，余下的学程学生可以选修专业学程，也可以选修应用学程。[①]

---

① 浙江省教育考察团:《走进芬兰高中课程改革》,《环球视窗》2008年第2期。

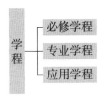

图 3-2 学程的分类

三、芬兰普通高中部分课程具体设置详解

（一）地理课程设置

芬兰高中课程标准中明确指出了地理课程的性质是：地理学研究的是有机、无机自然界与人造系统的结构和功能。[①] 因此地理教学必须引导学生了解自然环境和人类活动间的相互依赖关系，并研究作为一个变化和文化多元的生存环境的世界。从课程标准可以看出，地理课程跨自然科学和社会科学两个领域，课程内容突出人地关系的思想。因而高中地理课程应该注重引导学生从不同的空间尺度来认识地理现象和问题，强调用地理方法来解决实际生活中的问题。

芬兰高中地理课程分为必修和专业（即选修）2 个大模块，每个模块包括 2 个学程。必修课程包括"蓝色的星球"和"共

---

① 张家辉、徐志梅：《芬兰高中地理课程标准评介》，《地理教学》2011 年第 24 期。

表 3-1　芬兰全国教育委员会 2003 年对部分必修课程与
专门化课程的规定一览表

科目	必修课程	专门化课程	科目	必修课程	专门化课程
作为母语的芬兰语	1. 语言、文本与互动 2. 文本的结构与意义 3. 文学的技巧与解释 4. 文本及其影响 5. 文本、文本与语境 6. 语言、文学与认同	1. 高级口语交流技能 2. 高级文本技能 3. 写作与现代文化	化学	人类和生活环境中的化学	1. 化学的微观世界 2. 反应与能量 3. 金属与物质 4. 反应与平衡
数学	1. 函数与方程 2. 多项式函数 3. 几何 4. 解析几何 5. 向量 6. 概率与统计 7. 导数 8. 根函数与对数函数 9. 三角函数与数列 10. 积分	1. 数论与逻辑 2. 数与代数方法 3. 高等微积分	物理	作为自然科学的物理学	1. 热学 2. 波 3. 运动定律 4. 自转与引力 5. 电学 6. 电磁学 7. 物质与放射
生物	1. 有机世界 2. 细胞与遗传	1. 环境生态学 2. 人类生物学 3. 生物技术	地理	1. 蓝色的星球 2. 共同的世界	1. 危险的世界 2. 地区研究
历史	1. 人、环境与文化 2. 欧洲人 3. 国际关系 4. 芬兰历史的重大转折点	1. 史前到自治的芬兰 2. 文化的融合	社会	1. 政治学与社会 2. 经济学	1. 公民与法律 2. 欧洲主义与欧盟

资料来源：National Board of Education, National Core Curriculum for Upper Secondary Schools, Finland, 2003.

表3-2 芬兰不分年级制课程设置

学程类型	学习领域	母语和文学	环境和自然科学
	学科	芬兰母语	化学
必修学程		1.语言、语篇和交流 2.语篇的结构和意义 3.文学的策略和解释 4.语篇和影响力 5.语篇、风格和文章脉络 6.语言、文学和文化特征	人类化学和生存环境
选修学程		1.高级口语交流技能 2.高级语篇技能（分析语篇和写作） 3.写作和现代文化	1.微观化学 2.反应和能量 3.金属和物质 4.反应和守恒

同的世界"2个学程。选修课程包括"一个充满危机的世界"和"区域研究"2个学程。[1] "蓝色的星球"着重介绍自然地理的内容，而"共同的世界"则注重人文地理内容，包括人与自然的关系、人与地理环境的相互影响等。这2个必修学程的内容均注重基础性知识和基本理论的学习，以及地理思维能力的发展，属于基础性内容。选修课程中，"一个充满危机的世界"主要介绍的是人类面对的自然灾害和人为灾害，以及具体的预防和应对措施等。"区域研究"课程围绕区域展开对区域研究技

---

① 曾汉辉、曾玮：《芬兰普通高中地理课程探析》，《地理教学》2017年第10期。

术、研究方法和区域应用等方面的探索。[①]

由此可见，芬兰高中地理课程具有基础性和现实性的特点。基础性体现在地理课程的必修内容上，突出人地关系，注重让学生掌握系统的地理知识，发展学生的地理素养，如自然地理、人文地理以及区域发展相关的知识；现实性体现在选修课程中，选取与学生生存、现实生活、社会发展紧密相连的内容。例如，面对如今自然灾害频发的现状，为学生开设灾害地理学的选修课，教学生如何预防和应对灾害，注重培养学生的安全意识和生存能力。

表3-3　芬兰高中地理课程模块设置情况

必修课程		选修课程	
学程数量	学程名称	学程数量	学程名称
2	蓝色的星球	2	一个充满危机的世界
	共同的世界		区域研究

表3-4　芬兰高中地理课程内容结构

学程名称	单元标题
蓝色的星球	地理学思维
	地球的行星特征
	运动中的大气图

---

① 张家辉、徐志梅:《芬兰高中地理课程标准评介》,《地理教学》2011年第24期。

学程名称	单元标题
蓝色的星球	运动中的水图
	天气和气候
	地球上多变的地貌
	地球的自然带
	用地图和图片解释自然景观
共同的世界	人文地理学的本质与作用
	人口与定居
	自然资源
	基础的生产活动和环境
	工业与能源
	移动性与相互作用
	人类活动的区域性构建
	控制发展与可持续发展
一个充满危机的世界	灾害地理学；灾害的种类和重要性
	自然灾害和灾害地区
	与人和自然相互依赖相关的环境灾害和灾害地区
	人类灾害和灾害地区
	技术灾害
区域研究	制图学的基础知识和地理资料
	地理信息系统
	区域研究项目

（二）化学课程设置

在芬兰高中国家核心课程中，化学占有重要的地位。首先，在学习领域方面，芬兰的化学课程属于环境与自然科学的领域。在学程方面，化学科目包括 1 个必修学程和 4 个专业选修学程。必修学程是"人类与生活环境的化学"，专业选修学程分别是"化学的微观世界""反应和能量""金属和材料"以及"反应和化学平衡"。[①]其中必修课程注重介绍化学与人类生活环境的密切联系，为学生适应未来社会的需要做准备，而专业选修课程则更加关注化学学科的内在知识体系，更加有利于学生专业兴趣的发展。芬兰高中化学课程唯一必修模块"人类与生活环境的化学"要求学生掌握化学中最基本的概念、化学思维、方法和技能。例如，该模块包含的化学核心知识是有机化学基础和氧化还原两个方面的内容，这两个方面是化学学科中最具代表性且最为基础的内容，既体现了化学这一科目的特色，同时又蕴含了丰富的哲学思想，具有很强的应用价值。而 4 个专业选修模块则体现了较强的理论性和专业性，如"化学的微观世界"模块中，包含元素性质和元素周期律，电子结构和原子轨道，化学键、键能与物质性质，同分异构现象等；"反应和能量"模

---

① 任雪明:《芬兰高中化学课程介绍与评析》,《化学教学》2009 年第 11 期。

块中包含了无机和有机反应类型、机理和应用，化学定量计算和能量变化，反应速率及其影响因素；"金属和材料"模块着重介绍了电位序、标准电极电位、化学电池和电解，金属和非金属及其氢、氧化合物，生物聚合能、合成聚合物和复合材料；"反应和化学平衡"模块主要介绍化学平衡状态，酸碱平衡，溶解度和溶解平衡，平衡的图示等。这4个专业选修模块涉及了微观化学、反应和能量、反应和平衡以及金属材料等内容，很好地体现了化学学科的特点和核心理论体系，向学生提供了一个完整的化学学科知识体系和理论框架，有助于为对化学感兴趣的同学打下良好的基础，进行更加深入的学习和研究。

表3-5 化学课程设置

学程类型	课程名称
必修学程	人类与生活环境的化学
选修学程	化学的微观世界
	反应和能量
	金属和材料
	反应和化学平衡

（三）罗素高中的课程设置解析

芬兰最具代表性且教学成果最为显著的高中是罗素高中。

罗素高中一方面强调让学生根据自己的兴趣、能力、知识基础自由地按照学段规划自己的课程学习，另一方面又严格遵守国家规定的核心课程。罗素高中要求学生在高中阶段完成 75 个课程模块的学习，其中必修模块 47 ～ 51 个，模块数是根据学生选择模块的难易程度来确定的。[①] 剩下的为选修模块，学生可以根据自己的兴趣爱好和知识储备进行选择，高中总共修满 75 个模块方可毕业。学生在修满国家规定的模块数后，也可以根据自己的兴趣和能力选择更多的模块。芬兰高中的弹性学制充分考虑了学生的个别差异，给学生提供了更多自由选择的空间和学习上的自主权。

罗素高中课程设置的一大特色在于其"细化"的课程。课程的细化首先体现在芬兰语和英语课程项目的实施上，芬兰语课程遵循芬兰国家课程标准，严格按照课程标准进行规划、教学、评价。[②] 而英语项目则遵循国际学士学位标准。这两类课程项目最终结业考试的成绩都可以作为学生升入大学的依据，解决了目前大多数国家存在的基础教育和高等教育，尤其是高中教育和大学教育脱轨的窘境。芬兰课程的细化还体现在对学科的细化中，学科科目不是按照年级从高到低组织教学内容，而

---

① 肖远骑：《芬兰高中教育改革：促进学生走向卓越》，《中小学管理》2014 年第 5 期。

② 何树彬：《罗素高中：芬兰高中教育的典范》，《上海教育》2009 年第 11 期。

是根据模块内容的难易程度划分。例如，数学分为几何、代数、三角函数、微积分等，语文分为阅读、文法、文学和写作等，外语也按照语种难易程度划分为不同级别的课程。学生可以根据自身的情况自由地选择，这种"细化"的课程更加有利于学生个性的发展。

罗素高中课程设置的另一大特色是选修课的比例较大。罗素高中非常重视选修课的开设，学校的课程分为必修课和选修课两类，选修课包括学校的自设课程，即校本课程，它是根据各个学校的实际情况，在地方课程的指导下开设的，体现了各个学校的特色。罗素高中的必修课程只有 30% 左右，而选修课程和学校的自设课程占了 70%。[①] 选修课能够体现一所学校的办学特色，同时也是学校办学实力和办学水平的重要衡量标准。罗素高中目前开设的选修课多达 100 多门，给学生提供了多种选择的空间，能够充分照顾到每一位学生，尊重学生个体差异的同时，促进学生的多元发展。

最后，罗素高中特别注重外语课程和体育课程的开设。外语作为罗素高中的一门核心课程，目前学校开设了德语、日语、汉语等十几种课程供学生选择。学生一般都能够选择自己感兴趣的外语科目进行学习，从而能够激发学生的学习兴趣，提高

---

① 何树彬：《罗素高中：芬兰高中教育的典范》，《上海教育》2009 年第 11 期。

学习效率。在罗素高中，学生一般都能够掌握 2～3 门外语，顺应了社会对国际化人才的需求。同时，体育课程也是罗素高中的一大特色课程，学生除了可以选择传统的体育课程外，还可以选择其他的户外活动，"如攀岩、射箭、帆船、高山滑雪或跳舞等，保证学生拥有健康的体魄和竞争意识、冒险精神"[①]。这些特色的体育项目在罗素高中很受学生的喜爱，体育课不再以传统课程中强身健体为目标，而是身体锻炼和意识培养同步进行，将体育课程的意义落到实处。

第二节　芬兰普通高中选课制简介

一、芬兰普通高中选课目标

芬兰高中的教育一直遵循着教育公平和个性化的理念，注重学生的全面发展和培养学生终身学习的能力，为学生更好地适应社会奠定坚实的基础。在最近的一次课程改革中，芬兰颁布了《国家基础教育核心课程》，并提出了 7 大能力素养。新课程标准强调培养学生联系或贯通不同学科和知识领域的能力，并指出教育的目的在于以培养学生的核心素养为基础，帮助学

---

① 何树彬：《罗素高中：芬兰高中教育的典范》，《上海教育》2009 年第 11 期。

生成长为一个完整的人，夯实其参与未来民主社会建设所必备的能力，并且为这些未来公民的可持续发展与生活提供相应的教育支持。此外，教育也要帮助学生发现自身优势，认识未来发展的可能性，并让他们学会感恩自我。下面将列举芬兰教育目标中旨在培养学生的 7 大能力素养。[①]

第一是思考与学会学习的能力（Thinking and Learning to Learn），该素养重在培养学生从环境中主动学习的意识和态度，发展他们观察、探究、评估、整理、生产并分享信息和想法的能力，为终身学习奠定基础，涉及创新思维、探究、学会思考、学会学习、问题解决、沟通能力等多个方面。

第二是文化感知、互动沟通与自我表达能力（Cultural Competence, Interaction and Self-expression），该素养旨在培养学生适应多元环境、尊重人权、尊重多元文化，并以尊重为前提，在多元环境中沟通和表达自己的素养。语言是文化的主要载体，这一素养与母语和其他语言学科的学习有着天然联系，同数学、美术、音乐等学科也联系紧密，对这些内容的了解都有利于文化的交流和沟通。

第三是自我照顾和日常生活技能（Taking Care of Oneself

---

① New National Core Curriculum for Basic Education: Focus on School Culture and Integrative Approach, Finnish National Agency for Education, 2016.

and Managing Daily Life），该素养涉及与生活相关的健康、安全、与他人关系、交通、应对新信息技术环境、烹饪、理财等多个方面，旨在培养对上述方面的组织和管理能力，更要培养学生面对未来复杂生活的积极心态。

第四是多元识读能力（Multi-literacy），该素养指能够获取、整合、修饰、阐释、生产、呈现并且评估不同类型的文本，学习理解文化交流的不同类型，并形成自我认同。不同文本包括文字、语言、图像、声音、数字以及视觉符号等多种类型。从结果上看，多元素养有助于学生理解文化的多样性并解释周围世界，有益于增进学生对道德和审美相关问题的思考，同时也有助于学生批判性思维和自学能力的发展。

第五是信息技术能力（ICT Competence），信息素养是新时代公民必备的素养，信息技术既是学习的目标也是学习的工具。芬兰并没有设置单独的计算机课程，而是将信息技术的学习和应用渗透到各个学科的学习或学校的各项活动之中。该素养主要包括 4 个方面的内容：（1）了解信息技术使用的基本原则、运行的基本原则以及核心概念；（2）信息技术的安全性问题；（3）信息技术的应用，包括信息管理、信息挖掘和创造性工作；（4）信息技术的实践操作能力。

第六是职业技能与创业精神（Working Life Competence and Entrepreneurship），该素养指能够理解工作和企业的价值与潜在价值，了解作为社会成员的个人责任，以及具有面对职业和未来生活的积极态度。随着技术发展和经济全球化，职业和工作的性质都在不断变化，芬兰认为在基础教育阶段培养学生对未来工作和生活的积极态度十分重要。通过项目活动，帮助学生积累未来工作的相关知识、学习创业的运行方式，让学生认识到能力对自身职业发展的重要意义。

第七是参与、投入并构建可持续未来的能力（Participation, Involvements and Building a Sustainable Future），该素养旨在培养学生参加公共事务的能力，形成作为社会公民的责任意识。新课程认为，基础教育有责任培养学生使用民主权利和自由权利的能力，为他们未来成为积极参与公共事务的公民打下基础。新课程还指出，只有通过实践才能获得参与公共事务的能力，形成对未来负责的态度。学校应为这些实践活动提供良好的环境，促使每一个学生参与。

二、芬兰普通高中选课标准

为了维护芬兰高中统一的教学质量，同时给予学生充分的自主选择权，芬兰国家教育部规定高中课程分为必修课程、专业课程和应用课程。必修课程指的是国家统一规定的，每个学生都必须达到的最基本的要求。专业课程是在必修课程的基础之上进行拓展和延伸的课程，能够体现该学科的最新动态。应用课程则有点类似于校本课程，由学校自主设立，可以是某种专门的知识。通常每所高中开设的必修学程、专业学程和应用学程都在 300 个以上。根据芬兰政府规定，一名普通高中生要毕业至少需要完成 75 个学程的学习，其中包括 45 个必修学程和 10 个专业学程，余下的学程学生可以根据自己的发展需要、学习兴趣、爱好和时间安排自主选修专业学程或应用学程，多选不限，这样的课程设置极大地增强了学生的学习自主性和选择性。

三、芬兰普通高中选课管理

（一）选课安排

芬兰普通高中的个性化教学主要体现在学生自主选课上。芬兰的大部分高中，必修课占 2/3，选修课占 1/3，而在一些重点中学，如罗素高中和达毕奥拉高中，必修课仅占 30%，而选修课和学校自主开发的校本课程却占到了 70%。以罗素高中为例，其位于赫尔辛基市中心，是最古老的芬兰语高中，有 100 多年的历史，具有优良的传统，在国际上的知名度较高。罗素高中非常重视选修课的开设，认为选修课是反映一所学校办学实力和办学水平的重要标志，也是一所学校发展的特色所在。目前，罗素高中开设的选修课多达 100 多门，课程非常丰富，给学生提供了多样的课程选择。而且，一般只要有 10 个学生选择一门课程，学校就会提供条件开设，这样的设置充分地满足了学生的学习需要，为学生的多元发展奠定了坚实的基础。

在新学年的开始之初，学校都会发给学生一本《课程设置手册》，手册的内容设置中含有本学年所开设课程的明细表，包括对课程的总体介绍、课程设置、各科详情、任课教师和选修课必备前提条件等。同时，手册上的全部内容都会发布在学校的官方网站上，方便学生随时查询。一开学，学生就需要根据自身实际的学习情况、各自不同的发展需要、兴趣爱好和时间安排制订自己的学习计划，选择感兴趣的学段课程和适合自己的任课教师。选课方式非常简单，学生选好科目后，只需在学校官网相应的科目栏内输入自己的学号即可。学校对大部分课程的选修不做任何限制，只是根据课程难易程度加以编号并注明选修该课必备的知识前提。因此，在这样的选课制度下，选修同一课程的学生可以是刚入学的新生，也可以是即将离校的毕业生。此外，为增强学习的灵活性和个性化，学生还可以在征得校长同意的前提下不参加随堂听课，但需要完成老师布置的作业并参加考试。

（二）选课指导体系

芬兰普通高中学校实施的选课制度之所以能取得成功，与芬兰建立的一套高效的学生管理与咨询制度密不可分。芬兰高中在实施"不分年级制"以后,每所学校都对原来的行政机构进行了调整,除保留原有的各教研室和行政办公室外,还新增设了教导咨询办公室,建立了学生顾问制度、辅导员制度和新生辅导员制度,以此来加强对学生日常学习的管理和指导新生选课等。

在芬兰,每所高中学校都设有专门的学生顾问,负责指导学生解决在学校学习和生活中遇到的各种问题。学生顾问必须对学校有一个全方位的了解,清晰地知道学校的办学理念、管理制度、课程设置、学生情况等。学生顾问最突出的作用体现在每学年的开始之初,指导学生顺利地进行选课,并帮助其制订适合自己的课程计划和学习安排。另外,在学习过程中,学生顾问需要指导学生找到恰当的学习方法,应对学习中存在的困难以及顺利地通过学段考试。在毕业前,学生还可以就如何顺利毕业、将来的职业规划或进一步学习前来咨询。学生顾问的作用非常全面,甚至包括为学生心理问题提供咨询,学生可以就任何学习或生活中的问题约见学生顾问。芬兰高中学校非常重视学生咨询工作,有些学校的校长和副校长还亲自担任兼职学生顾问。

芬兰高中实行不分年级制,因此每个学校都没有固定的班级,在学生入学之初,每25个人会被分到一个小组,每个组都有指定的辅导员。辅导员由学校的教师担任，主要负责管理学生日常事务，每个星期组织学生参加一次例会，平时向学生传达学校的教学计划，组织学生的集体活动以及处理学生日常生活中遇到的问题，有点类似于我国的辅导员。

此外，学生在进入第二学年后，可以通过自主申请担任低年级学生辅导员，用自己一年的学习经验和体会，帮助低年级新生以最快的时间适应高中学习生活，增强学弟学妹对不分年级制的了解，指导新生选课和制订学习计划，同时带领他们尽快熟悉校园环境和生活，认识新同学等。在学生高中毕业时，学校会向担任过辅导员的学生颁发证明其工作经历的辅导员证书。学生辅导员的工作对新生帮助很大，在帮助学生选课和制订学习计划方面更具有针对性，有利于学校的有效管理。

（三）校际合作

学科的分层和学生选课的自主性都需要政府和学校提供更多的资源，以此来满足这种多样化的需求。当学校学生人数达不到开课要求或者学校条件不能满足学生的学习需要时，就需要校际合作，共享资源，提高资源可利用率。

芬兰高中针对这一方面制定了非常有特色的学校合作机制。首先，学生的选课在本校得不到满足后可以到别的学校进行选修，学校专门设立了同其他学校之间的学分互认和转换机制，这就能够保证学生的学习是有效的。此外，这种合作不仅局限于同一级的学校之间，还存在于不同级别的学校之间，芬兰高中学校会鼓励一些成绩突出或有特殊专长的学生，根据本校跟大学之间签订的协议，选修大学课程或利用大学的实验设备进行研究，其学习结果计入高中学分，日后大学予以承认。例如，在罗素高中，有一部分高中生就选修了赫尔辛基大学的化学课程。

第三节　芬兰普通高中选课制度的特点

一、增加选修课的比例，开设专门化和应用性课程

按照规定，芬兰学生高中毕业的最低标准是完成 75 门课程，其中必修课程 45 ～ 49 门，占全部课程的 60% ～ 65%，而在过去必修课程的比例是 80% ～ 84%。[①] 由此可见，芬兰高中学校的必修课程比例有所降低，选修课程比例有所增加。在芬兰的大部分高中，必修课约占 2/3，选修课约占 1/3，而在芬兰一些著名的高中，如罗素高中，必修课仅占 30%，选修课和学校自设课程占到了 70%。之所以在罗素高中选修课所占的比例

[①]　李家永:《芬兰普通高中教育的改革》,《比较教育研究》2003 年第 8 期。

如此之高，一方面是因为罗素高中秉着"恪守传统，自主选择，放眼未来，国际视野"的办学理念，重视培养学生的自主选择以及承担责任的能力。另一方面，他们认为选修课是衡量一所学校办学实力和办学水平的重要标志，是一所学校发展的特色所在。罗素高中目前所开设的选修课多达100多门，充分照顾到了每一名学生的需要。一般来说，只要有8～10名学生选择同一门课程，学校就会提供条件开设，充分尊重学生的差异，促进学生的多元化发展。值得一提的是，芬兰学校还将一些兴趣性与实践性的东西纳入学程，特别是选修性学程，如汽车修理、汽车驾驶、摄影、舞蹈等，学生选修这些学程都可以计算学分。①

其次是开设了专门化和应用性课程。专门化课程是学科领域的主干课程，从课程规定性角度来说，属于学生必选课程。其内容可分为两类：一类是学科领域必修课程在深度和广度上的补充和延伸，另一类是学科领域新开设的前沿课程，完全由学生根据自己的兴趣选修。学生选修专门化课程的空间很大，新课程框架规定，专门化课程必须达60门，要求每个学生至少从中选择10门。应用性课程是校本开发和实施的课程，既包含

① 浙江省教育厅赴北欧教育考察团：《走进芬兰高中课程改革》，《外国中小学教育》2008年第8期。

技能操作类课程，也包含素质提升类课程。从课程规定性角度来说，属于学生任选课程。其内容亦可分为两类：一类是方法类的课程，如计算机操作、除作为母语的芬兰语之外的语言类课程等；另一类是涉及多个学科交叉、融合的整合性课程，或是其他教育机构课程计划中开设的课程。在高中阶段的全部75个学程中，规定必修学程为47～51个，专门化学程至少10个，其余学程可以从应用性学程中选学。因此，学生选课的空间大，这就为学生实现规定框架内个性化的发展提供了可能。[①]

芬兰学者认为："我们尊重每个独立自主的个体，是因为我们非常需要各种不同的人才。"增加选修课的比例，开设专门化和应用性课程的优点就在于能够增强课程的自主性和灵活性，更好地满足学生的求知欲和个性化的需求，最大限度地尊重学生的意愿与选择，有利于对学生进行因材施教，培养各种类型的现代化人才。然而此举也存在不足，最明显的是会造成资金和时间的耗费。选修课比例的增加，使得学校必须耗费更多时间和资源去开设更多种类的课程，以供学生进行选择，这是班级授课制的优势所在。但是，这毫无疑问会给学校及其教师增加巨大的压力。资金和时间耗费的增加是个性化教学不可避免

---

① 张奕婧、郑一筠：《21世纪以来中国和芬兰高中阶段课程改革的比较研究》，《外国中小学教育》2011年第4期。

的弊端，芬兰高中的不分年级制已经通过不断完善的规定和制度来避免这个缺点，例如教育机构之间的合作，对学生学习的指导和监控，但这仍然是一个值得关注的问题，需要进一步努力去减少这个问题产生的影响。[①]

二、加强校际合作

加强各个学校之间的合作交流是芬兰高中选课制度的另一个重要特点。将学科分为不同的学程，以及赋予学生学习课程的自由选择权，都需要政府和学校提供更多的资源，以此来满足这种多样化的需求，有时一个学校可能满足不了学生的需求，这时候就需要不同教育机构之间的合作，优化资源利用。因此，芬兰政府鼓励学校之间进行合作和资源共享，学生可以到其他普通高中甚至职业高中或其他一些社会性教育机构选修某些课程。[②]芬兰高中选课能够顺利地实行也正是因为芬兰各个学校之间形成了很好的合作机制。因此，芬兰高中针对这一方面制定了非常有特色的学校合作机制。例如，罗素高中非常重视自身与其他学校及政府之间的合作，秉承合作开放的办学思想，彼此建立合作关系，实现资源共享，为保证学校的可持续发展提

---

① 李娟:《芬兰高中不分年级制研究》，东北师范大学硕士学位论文，2014年。

② 李家永:《芬兰普通高中教育的改革》，《比较教育研究》2003年第8期。

供了良好的外部环境。该中学和世界上许多国家的中学有着密切的交流，同时与哈佛大学、牛津大学、索邦大学和伦敦政治经济学院等著名高校保持着往来。[1] 2000年罗素高中共有600多名学生，其中有90人选修了赫尔辛基大学的化学课程。[2] 罗素高中积极与世界上十几个国家的数十所高中、大学建立了互访机制，通过师生之间的相互交流开阔了学生的眼界，培养了学生的国际视野，提高了自身的实践技能和发现问题、解决问题的能力，形成了一种跨文化、多元化的思维能力，为成为一名国际化人才打下了坚实的基础。[3]

采用此种方式不仅可以充分利用其他学校的资源，弥补自身资源的不足，为学生提供更加丰富多彩的课程，满足学生不同的个性需求，促进学生各方面能力的培养，而且可以通过国际间学校的交流合作，增长学生的见识，培养学生的跨文化意识与国际视野，帮助学生形成多元化的思维能力。然而，此举也存在着些许弊端。例如，加强校际合作，需要学校之间加强沟通交流，建立学分互认体制，这无疑会增加学校工作的负担；另外对学生来说，奔波于不同学校之间上课也会耗费大量的时间与精力，可能会影响到学生的学习效率。

---

[1]　何树彬：《罗素高中：芬兰高中教育的典范》，《上海教育》2009年第11期。
[2]　张瑞海：《芬兰普通高中教育的特色》，《课程·教材·教法》2003年第4期。
[3]　何树彬：《罗素高中：芬兰高中教育的典范》，《上海教育》2009年第11期。

三、加强学生选课指导、咨询工作

为了使学生能更好地适应未来的高中生活，芬兰加强了对学生的选课指导与咨询工作。从学生进入高中开始，就会发给学生一本《课程设置手册》，里面包含对课程的总体介绍、课程安排、各科详情、任课教师以及选修必备前提条件。此外，这些内容都会放到学校官网上，方便学生随时查看。[①] 学生根据自身情况和各自不同的兴趣爱好，选择制订自己的学习计划，选择不同的学段课程和适合自己的任课教师。选课方式简便易学，学生只需在校园网相应的科目栏内输入自己的学号即可。经过特殊申请，学生还可以通过自学，定期完成课程作业并参加考试而获得学分。另外，学校还设有学生顾问制度、辅导员制度以及学生自我管理制度来帮助学生选课，减少学生刚入学时的迷茫感。

芬兰的教育指导和咨询制度坚持以学生为中心，充分尊重学生，基于真实性和客观性的原则，培养学生的人生规划能力。[②] 从综合学校到高中的转变还是非常大的，作为未成年的学生，突然被赋予极大的自主权，例如，他们在初入学时就要

[①]　安徽省赴芬兰教育考察代表团:《关于芬兰高中教育改革的考察报告》,《安徽教育》2007 年第 4 期。

[②]　何倩:《芬兰高中教育成功的因素分析》,《外国教育研究》2008 年第 8 期。

进行选课和制订个人学习计划，这在一定程度上对于尚不成熟的学生来说存在一定的困难。因此，加强学校选课指导体系就十分必要。加强学生选课指导与咨询工作的优点在于，能够根据学生的实际情况，给出相应的建议，帮助学生更好地选择适合自己的课程，让学生能够更好地适应高中生活。其不足之处在于，尽管存在指导体系，一些对未来还没有任何想法的学生在面对如此多的选择和如此大的自由权时可能会更加无所适从，甚至有的学生在享受了自由的时候，却不能认识到自己的责任，从而养成放松散漫的学习习惯，这对于不成熟的学生来说是一种挑战，同时也是对学校的一种挑战。[1]

四、实行弹性学制及弹性的课程设置

传统的高中是分年级的，学生每年定时统一升级，所以都要接受 3 年的学习，最后统一毕业。而在芬兰，所有的高中学生都可以根据自身的智力、学习基础、学习计划、学习兴趣等不同情况，调整自己的学习进度，在完成学校规定学分的前提下，灵活选择在 2～4 年内完成高中教育。学习进度快、成绩优异的学生 2 年即可毕业，学习进度较慢或兴趣广泛的学生可 4 年毕业。芬兰实行弹性学制的出发点，是为了充分照顾到每

---

[1] 李娟：《芬兰高中不分年级制研究》，东北师范大学硕士学位论文，2014 年。

一个学生，使学生能够有自主规划的空间，按照自身的实际情况合理安排学习进度和学习年限。

在芬兰传统的教学中，一学年只分两个学期，每学期持续的时间比较长，因而一门课拉的时间太长，每门课的周课时太少（一门科目平均每周 2 节左右，有的科目每周只有 1 节），这样既造成一门科目的学习周期过长而容易遗忘，又使得一个学期并行开设的课程门类太多（可多达 10 门）。而学段制就很好地解决了这个问题，它使学生在本学段内的课程设置相对集中，一门课程从过去平均每周学习 2 个学时，提高到学习 6～8 个学时，基本上每天都要接触学段内选定的科目，既解决了学生过去在学习同一课程中因学习时间间隔过长而容易遗忘的现象，也利于教师集中精力，在相对较短的时期内，将某一门课程讲授得比较透彻。

芬兰的课程设置也具有相当大的弹性。除国家教育委员会规定的义务教育核心课程外，充分强调国家、地方、学校、教师、学生、家长在课程制定中的积极作用。地方政府和学校可以决定选修科目的数量、类型和教学形式，充分调动了地方和学校的积极性，学生所学课程也更加具有地方特色。此外，学生家长有权决定学生选修哪些科目，这使得监护人能够更有效地支持孩子的学习，积极参与学校活动的计划和实施。家庭和学校间的有效合作可以改善学生、课堂以及整个学校社区的安全和健康发展。[1]

五、以学生为中心，实行学生自主选课制度

浓厚的人性化色彩是芬兰高中选课制度的一大亮点，这首先体现在学生选课的个性化上。学生可以根据个人的兴趣、爱好和志向，制订适合自己的学习计划，具有很大的自主性、独立性和选择性。如前文所述，选课方式也很简便。

配合学生的自主选课制度，教学组织形式也随之发生了一系列的变化。自实施"不分年级制"以来，学校不再把学生编入固定班级或分配固定教室，不同学年入学的学生因选择同一上课时间、同一科目、同一学程而坐在了同一教室。原来每个班级的学生人数和成员相对固定的情形不复存在了，因为同时选修同一科目、同一学程的学生及其人数都是随机的、不确定的。

这种新的教学模式充分满足了学生个性发展的需要，学生可以选择自己感兴趣的课程，学习兴趣高涨，学习效果也就提高了。此外，这种选课制度还可以培养学生的自主性。在传统课堂中，学生要在教师的安排下进行学习，缺乏内在动力，缺乏主动性。而自主选课制度能够让学生根据兴趣爱好、个人意愿来选择自己想学习的课程，自己安排学习进度。这种自主选

---

[1]　王楠:《芬兰的高中课程设置》,《网络科技时代》2008 年第 13 期。

择无疑可以增强学生的自我管理意识，培养自主规划的能力，能让学生为自己的学习负责，充分挖掘学生的内在学习动力。给学生权利让学生自主选择，给学生机会让学生自主体验，给学生困难让学生自主克服，给学生创造条件让学生自主锻炼，给学生空间让学生自己前进，给学生活动的机会让学生自主发展；尊重学生属于自己的体验，让学生走进自己的生活，去体验甜酸苦辣成功失败。这些对学生而言是一笔无法估价的财富。芬兰的高中教育正是将课程建构在学生能力发展的基础上，倡导学生主动参与、乐于探究、勤于动手。教师注重对学生进行学法指导和潜能开发，注重培养学生的健康情感，让学生树立正确的学习态度和价值观念，注重培养学生收集、处理、应用和评价信息的能力，以及交流、合作、实践的能力，让学生能够用所学知识、方法不断地补充新知识和方法，并能分析和解决学习和现实生活中的新问题。

但是这样的选课制度也存在一定的缺点，如增大了学校的管理难度。由于选课的自由，学生不再以行政班级进行上课和组织活动，学校就要投入更多的人力、物力和财力，设置相应的教师指导和辅导员指导制度。同时，不以行政班级上课，学生的集体荣誉感相对较低，归属感较弱，不利于培养学生的集体精神。

六、重视课程设置的综合性、多样化

芬兰普通高中教育的目标是"培养综合素质高、个性健康全面发展、有创造力和合作精神、能够独立探求知识、热爱和平的社会成员"[①]。在高中教育阶段，学校要帮助学生树立终身学习的观念，促进他们个性良好的发展。根据上述教育目标以及学生的知识基础和能力水平及不同的兴趣和需要，芬兰的高中在课程设置上既重视综合性，又兼顾多样化。

普通高中设置的课程分为以下几大类：母语与文学（包括芬兰语、瑞典语和萨米语），两门外语（可以是母语以外的其他任何语言），数学、环境和自然科学（包括生物、地理、物理和化学），与人类价值观和信仰相关的课程（包括宗教、伦理和哲学），心理学，历史和其他社会学，美学（包括音乐和美术及其他视图艺术），体育和健康教育等。各学校就每个领域再细分科目，灵活设置课程，做到校校不同。例如罗素高中就对课程进行了细化，如语文被分为阅读、文法、文学和写作等，外语按语种及难易程度划分为不同级别课程，数学分为几何、代数、三角、微积分等，加上学校的自设课程，共开设了200多门课

[①] 石春玉：《芬兰的教育成功之路及对我国教育改革的启示》，山东师范大学硕士学位论文，2005年。

程，分 3 种类型，即前文说到的必修课程、专业课程和应用课程。这样便于学生依照自己的兴趣自主选择，充分满足学生的个性化需求。

芬兰的基础教育中还有很多有特色的课程，比如多语言学习、在大自然中开展教学、视觉艺术课、手工课、家庭经济课等。芬兰人相信"大自然是最好的教室"，书本知识来源于生活和自然，学生在大自然中学习，更容易理解人与他人、人与环境的可持续发展。因此，环境与自然这门课的老师会带着学生在森林中穿行，生物与地理的老师会带着学生认识土壤、地形，学生会把在森林中找到的物质带回物理与化学课堂。老师们相信，当学生走进大自然之中，会更容易培养合作、探究和解决问题的能力。此外，芬兰早在 2004 年就用视觉艺术课代替了美术课，课堂内容不仅包括绘画、美术作品鉴赏，还有摄影、图片处理等现代视觉艺术形式，并鼓励学生用计算机等电子设备进行创作、处理作品。通过视觉艺术作品，还要引导学生更深入地了解世界的多元文化，视觉艺术作品如何呈现个人特色、地方特色，更重要的是认识人类的共同性。

综合多样的课程结构可以满足学生多方面发展的需要，培养学生的综合能力，有利于培养多规格、多层次的人才结构，对社会的可持续发展具有重要意义。

第四章 **4**

芬兰普通高中选课走班制实施的招生、升学与评价制度

芬兰普通高中的招生、评价与升学制度是芬兰普通高中选课走班制实施的重要支持与保障。招生制度是选课走班制实施的前提与基础，评价与升学制度为选课走班制实施提供了动力与方向。本章将从招生、评价与升学制度三个方面介绍芬兰的普通高中教育。

第一节　芬兰普通高中的招生和升学制度

芬兰义务教育结束时并没有统一的毕业考试，学生在初中毕业前，学校会安排专职的职业生涯指导教师向他们介绍各类高中和中等职业学校，并帮助每一位学生去分析自己的个性、兴趣、特长和未来的职业方向，学生则根据自己的平时成绩和个人兴趣选择申请相应的高中学校。芬兰制度化的高考评价体系不仅仅是站在"为社会选拔人才"这一角度去实行，更多的是综合考虑学生个体发展需求、教育现状、本国现有国情三者各自的特点以及关系。芬兰的普通高中招生制度和高考制度，都是站在学生的角度，尽可能地促进学生的发展，显然，这与选课走班制的价值追求——"为了更好地促进学生的个性发展"是相呼应的，它们二者是芬兰普通高中选课走班制实施的最根本的制度支持和保障。

一、芬兰普通高中的招生制度

芬兰的高中分为普通高中和职业高中。完成初中阶段教育基本要求的学生，都可以申请这两类高中。至于选择哪一类，主要是看学生基础教育阶段的学习成绩和个人兴趣。在选择这两条不同的道路时，老师和家长会给予学生相关的辅导和咨询服务，但最后如何选择则主要是由学生自主决定。

如前所述，在芬兰的教育体系中，学生初中阶段的学习结束之后，没有统一的毕业会考，所以普通高中的入学主要是根据学生初中阶段的平时成绩来录取的。当然，如果申请某所高中的学生人数超出学校招生计划数，学校就会在学生平时成绩基础上进行挑选。此外，除了一般的普通高中外，芬兰也有部分以体育、音乐、艺术或者语言等课程为主的特色高中，在入学时，这些特色高中除了参考基础教育阶段学生最后的成绩之外，还会对这些专长有所要求，通常会增加一个面试的环节。另外，一般的普通高中也有数理组、艺术组、音乐组和体育组的特长班。

多数普通高中采取联合申请的方式，但有些条件相对比较好的普通高中则只给将他们学校放在前三个志愿的学生以面试的机会。一般初中毕业生成绩达到一定的标准，比如总平均分达到 7 分以上，经联合申请程序，就有机会进入自己所在的学区或者附近的普通高中就读。也有少数好的普通高中要求申请人的总平均分达到 9 分，但并不是所有成绩好的学生都会选择跨区域或特别挑选高中去读。虽然普通高中学校之间存在着教育水平的差异，但是因为芬兰教育中对平等化的追求和制度设计，差异并不是很大，所以学生在初中教育阶段学习时并没有一定要读某所高中的压力。同样，老师和学校也不会将有多少学生升入某一类高中作为衡量他们教学成绩的标准。

二、芬兰普通高中的升学制度

目前，芬兰普通高中的升学考试制度（亦称大学招生考试制度）主要由两种考试形式组成：第一种是国家统一的大学入学资格考试（Matriculation Examination），即高考，类似于一种证书制度，学生只要获得大学入学资格考试证书即可申请某所大学；第二种是将大学入学资格考试和各大学自行组织的专业考试结合起来综合考核。芬兰的普通高中升学考试制度能够将不同能力和特长的学生选择到适合其能力发展的高校进行培养，从而为芬兰经济社会的发展提供各种层次与类型的人才，大大促进了芬兰经济的飞跃与国家的发展。

（一）芬兰的高考

芬兰的高考，又称"大学入学资格考试"，类似于我国的高考，发挥着为大学选拔人才的功能，它是所有高中学生在毕业时均须参加的全国性统一考试。主要考查学生对芬兰国家核心课程中要求的知识和技能的掌握情况，以及学生是否达到了大学入学的基本要求。芬兰的高考由大学入学资格考试委员会（The Matriculation Examination Board）负责。该委员会拥有一支规模宏大的团队，由约40名委员组成，成员包括教育政策制定者、来自不同高校和不同专业的大学教授，以及高中教师等。委员会的职责包括考试的管理、试题的编制、试卷的评阅、高考成绩的复查等。

芬兰的高考在确保国家核心科目（母语、数学和外语）考查的同时，还鼓励学生根据自身个性特点、学习能力进行不同科目、不同进程的多样化选考或者重考，既突出高考"选拔精英"的基本要求，又体现了高考的激励性功能。可以说，芬兰的高考并不是一套"严格"的考试选拔制度，它旨在促进每一个学生个性潜能得到最优发展，是一种促进学生个性化、多元化发展的"个性化高考"。其主要特点表现在以下几个方面：

1. 弹性的考试时间安排

芬兰每年举行两次高考，分别安排在春、秋两季，这两次高考在重要性上没有任何区别。早在1994年芬兰进行高考制度改革时，就规定学生不需要一次性考完所有科目，只需要在连续的3次考试中（即一年半以内）完成所有科目考试即可。这大大地增加了学生的选择性，照顾了学生的个性差异，整体上减轻了学生的学业负担。学生既可以选择在最长时限范围内，即一年半内考完所有科目，也可以选择在一次考试中考完所有的科目，这主要由学生的素质和能力来决定。芬兰高中实行弹性学制，学生可以在2～4年的时间内完成高中课程的学习，修完课程后就可自由安排时间为高考做准备。

2.必考科目和选考科目并重

考生参加高考时要考不少于4门的科目，分必考科目和选考科目，其中母语（芬兰语、瑞典语或萨米语）是必考科目，其余为选考科目，可从以下科目中选择至少3门进行考试：第二语言（也称官方语言，包括芬兰语和瑞典语，对于讲芬兰语的学生而言是指瑞典语，对于讲瑞典语的学生而言是指芬兰语）、外语（英语、法语、德语、俄语或西班牙语等）、数学以及综合科目。综合科目包括自然学科和人文学科的综合性内容，涉及哲学、宗教、社会学、心理学、民族学，以及物理、化学、生物、历史等。芬兰高考科目的一个突出特色是语言考试种类繁多，另一个突出特色是综合科目涉及学科门类繁多，知识面非常广，虽然题目数量不多，但主要考查学生的论述能力，难度较大。

3.严格的"层级考试"

无论学生在校时学习的是哪个级别的课程，高考时都可以自主选择这门课程的任意级别参加考试，比如学习数学基础级别课程的学生，可以参加数学高级课程考试，反之亦然，选择学习高级课程的学生，也可参加这门课程的低级别考试。尽管考生可以自由选择课程考试级别，但只能选择一门科目中的一个等级进行考试，并且必须通过至少一门必考课程的高级别考试。如遇到选考科目不及格的情况，学生可以有两次重考的机会，重考时，学生可以选择与重考科目原来级别不同的层级进行考试。在授予大学入学考试证书之前，考试已经合格的科目也可选择重考，且考试次数不限，最后将最好的成绩记入高考成绩单。所有必考和选考科目过关后，考生就可选择附加科目进行考试。附加科目的考试，学生既可以选择之前未考过的科目，也可选择已合格科目的不同级别进行考试。考生顺利通过了高考和附加考试，就可多获得一张证书，这将大大增加录取的概率。可选择性的考试，适应了学生的个性化学习与发展需要，然而，真正意义上的自由一定是有约束的自由，如果学生在申请获得入学考试资格证书时，其中有一门科目不及格，则所有科目都必须重考。

4. 多序列的"等级评分"

高考结束后，大学入学考试委员会在试卷评阅完成后会给考生寄发成绩证书。但成绩证书上呈现的并不是各考试科目的分数，而是学生成绩所处的层级。层级通常按照教育统计的正态分布划分，考试成绩的各层级是用拉丁语的首字母表示的，A—L 表示通过，L 为最高层级。I 表示不通过或不及格。如果学生有一科为 I，则整个考试为不通过，需要全部重考。但是，在此之前考生可以有一次补偿机会，即考生可将考得好的科目的成绩补偿到不及格的科目当中。在芬兰的高考评分制度中，有关于分数补偿计算方法的明确规定。不及格科目通常划分为 4 个等级，分别是 I+，I，I-，I=，表示不及格的不同程度，其中最严重的不及格程度是 I=。4 个级别的不及格分别需要补偿 12 分、14 分、16 分、18 分。因此，当遇到有不及格科目时，首先需要计算学生的高考总分，然后再按照标准对不及格科目进行补偿，达到相应补偿要求的，可以获得毕业证书而无须参加所有科目的重考。据芬兰官方统计，以 2006 年底为界，之前的 3 年半时间里，大学入学考试的通过率接近 80%。

（二）芬兰大学的自主招生

除了全国统一的大学入学资格考试外，芬兰各大学有自主组织招生考试的权利。各高校的自主招生考试由该校专门的招生考试机构组织实施。针对不同的专业，高校可自行确定考试的标准和具体要求。这种由大学自行组织的招生考试在每年夏季举行，在秋季学期开学前公布考试录取成绩。学生可以根据自己的特长与兴趣选择报考多所大学，参加多次入学考试，有较大的选择自由。在考试录取方面，通常情况是，大学各院系在认真审核学生申请材料，了解学生高中阶段的日常表现、高中成绩以及教师评语后，结合高考成绩，选出达到标准的学生来学校参加面试或者参加专业测试，最后再决定是否录取。在录取学生时，各大学可以只参照高考的成绩，也可以只参照学生在大学自行组织的招生考试中的成绩，或者同时参照以上两种成绩。此外，部分大学还会参照学生高中阶段的日常表现，以及附加的外语考试综合成绩等。因此，全国统一的"高考"并非高校筛选学生的决定性因素，高校自己的考试和选拔机制在招生中起到了更重要的作用。

第二节　芬兰普通高中的评价制度

芬兰普通高中的评价制度也是其选课走班制实施的重要支持与保障。此处所探讨的评价制度主要是指芬兰普通高中的教育质量评价制度，它从目标、价值标准、模式和内容等方面促进芬兰普通高中选课走班制的实施，并为其提供完善的评价制度保障。

一、评价的目标：展现进步

芬兰 1998 年颁布的《普通高中法案》中明文规定，对普通高中学生进行评估的目的是鼓励、引导学生的学习和发展他们的技能，并且规定对高中学生的学习应该进行多样化而不是单一的评估。课程最终是为了学生发展的，因而，芬兰高中课程评价的目的不是选拔和甄别学生，而是尽量展现学生的进步，以激发学生的学习兴趣、增强学生学习的自信，从而促进学生的学习。同时，通过对学生的评估，也可让家长、学校和未来的雇主都更加了解学生的情况。该法案还规定以评分的方式对学生进行评估只是方法之一，评估学生的标准还包括对学生自我管理、自我调节、自我评价、自我发展等方面能力的综合考量，以此来帮助学生独立制定个性化的学习目标，根据目标及时调整学习方法与学习进程，顺利完成各门课程的学习，达到掌握知识并能够灵活应用知识的目的。

芬兰高中课程的目标和核心内容通常是指向高中学生的一般能力，强调知识获取、沟通与合作、积极参与、解决问题和自主学习等能力。因而，对于课程的评价也是围绕这一目标而展开的。在芬兰的高中学校，教师和学生都没有国家考试的负担。每5年，每一所高中学校都会被纳入一个全国性的学习成果样本中。教师会收到关于学校成绩的相关信息，但这些成绩不会公布，学校之间也不会进行比较。芬兰高中的课程评价尤其强调学生的自我评价，无论是对教师还是对学生而言，学生的自我评价都是一个很有价值的工具。对学生而言，自我评价可以帮助学生更好地制订与调整学习计划，形成更清晰的自我认识；对教师而言，学生的自我评价，是教师引导学生、促进学生成长的一个重要的教育切入点。教师要对学生的自我评价进行反馈，反馈时需要考虑学生的个人优势和需求，帮助学生发现自身发展面临的挑战，从而为自己设定目标。对于进入高中学校学习的那些残疾或有某种疾病的学生，即便是那些残疾最严重的学生，也不会学习特定科目；相反，他们所接受的教育被划分为功能领域，包括运动技能、语言和交流、社会技能、日常生活活动和认知技能，评估也在这些领域内进行，关注的是这类高中生在以上领域的进步情况。综上，从评价目标的角度来看，当前芬兰高中教育评价制度的核心是为了促进学生的发展和进步。

二、评价的价值标准：全纳教育

芬兰将整个国家的教育置于全纳教育价值理念之下。芬兰的全纳教育观并不局限于帮助处境不利的学生（如残障学生）获得学习的机会、权利与成功，而在于帮助所有的学生都能获得学习成功，并获得幸福生活。基于此，芬兰的全纳教育政策不仅全力关注所有学生的平等受教育权，而且提供能确保所有学生获得学习成功的教育策略、教育结构和具体措施。如芬兰1998年颁布的《基础教育法案》和2004年颁布的《基础教育国家核心课程》中，规定每个适龄儿童都有就近进入综合学校学习的权利，并获得来自学校的个性化帮助；强调学校和教师应该关注每一个学生的个性、优势，以及个性化的发展和教育需求。芬兰普通高中阶段的"不分年级授课制"（亦可称为"无固定班级授课制"）以及"选课走班制"也是基于这种全人的、个性化的全纳教育理念而提出的。在高中阶段，全纳教育价值理念的体现，正如有研究者所指出的那样：全纳教育强调教学应该满足学生的个人要求，所有人都应该从内心感受到被高中学校和社区接受和欣赏。[①]总体而言，芬兰的国家政策和法规支持全纳教育，支持全纳教育理念指导下的高中阶段的个性化、选择性教育，以及与此相适应的、为了促进学生个性化发展的高中教育评价。因此，在这个意义上，我们可以说，芬兰高中教育的评价价值标准即是全纳教育。

　　全纳教育理念要求改变教育结构、政策、目标、主题和操作程序，以便所有学生都能进入包括高中在内的所有正规学校，因为所有学生都享有平等的学习权利。基于"全纳教育"的概念，我们可以区分出芬兰发展公平教育机会、走向全纳教育的

---

① Naukkarinen: Osallistavaa koulua rakentamassa Tutkimus yleisopetuksen koulun ja erityiskoulun yhdistymisen prosessista [Building a participatory school: A study on the process of joining special needs schools to mainstream education]. Helsinki: Opetushallitus, 2005.

三个主要阶段或步骤。这些阶段是：（1）受教育的机会；（2）接受素质教育；（3）获得成功学习的途径。[1] 走向平等的第一步是保证人人有受教育的机会，这意味着学生必须去上学并且需要接受并完成一定年限的、包含最基础学习任务的教育。这就需要国家层面努力创建一个足够广泛的学校网络，以便所有的孩子都能上学。与之同样重要的是，基础教育应该是免费的。在这一阶段，国家教育政策的重点应放在有效的支持方案设计上，以防止儿童留级和辍学。第二个阶段的中心任务是提高学校的教学质量和延长学生的在校时间，以便学习者可以为进一步的学习和成人生活做准备。这就需要改进课程、教师培训和学习材料。只有当这些基本的教育功能结构到位，教育体系能够考虑学生的个人需求时，第三阶段才成为可能。第三阶段的重点是消除各类学习者的学习障碍，为所有学生提供充分的支持，以促进他们的学习、健康成长和发展。这一阶段所面临的挑战是发展多用途的学习环境，实现不同专业人员之间的合作，学校进行全纳性、协作式教学的实践。这三个发展阶段在许多方面交织在一起，但是每一个阶段都必须在进入下一个阶段之前实现。除非社会提供平等的入学机会，发展良好的课程和学

---

[1] Cox: Inclusive education and inclusive society. What can we do and promote from the educational systems? *Presentation at the International Workshop on Inclusive Education*, Argentina: Buenos Aires, 2007.

习环境，并有能够教不同群体的教师，否则，第三阶段所描述的全纳性教育永远不会出现。基于以上全纳性教育概念内涵的发展演化阶段梳理，结合芬兰基础教育的发展历史，可将芬兰基础教育（包括高中教育）发展和走向全纳的过程分为三个阶段：

第一阶段从 1921 年开始，直到 20 世纪 60 年代。1921 年，芬兰通过了《义务教育法》，规定每个芬兰儿童从 7 岁起都可以接受至少 6 年的免费义务教育。《义务教育法》的颁布实施意味着所有的芬兰适龄儿童都有上学的机会和义务。在第一个阶段，特殊需要教育倾向于对有感官障碍的儿童进行教育，这些儿童的教育与普通儿童是分开进行的，他们在特殊学校或特殊班级接受教育。

第二阶段从 20 世纪中期开始。随着义务教育地位的稳固确立，孩子们显然需要获得更优质的义务教育和更高层级的教育。在这个阶段，学生在接受完义务教育后很快被分成两个流向：有些孩子完成了小学教育后，直接参加工作，而另一些经过 4 年的小学教育后则升入 8 年学校继续学习。到了 20 世纪 60 年代，越来越多的父母希望他们的孩子至少能上中学，因为小学教育体系似乎不再能满足每个人的教育需求。然而，这种更具学术性的教育并不是所有人都能在地理位置上或经济上获得的，其教学法也没有考虑到学生之间日益增长的多样性需要。

基于此种社会背景，1968 年，经过全国范围的热烈讨论后，芬兰出台了《综合学校法》，旨在建立一个 9 年制（小学 6 年、中学 3 年）的综合学校系统。推动这一教育法案出台的教育改革理念是，在一个日益复杂的世界中，一个国家既需要理论知识，也需要实践知识。①1983 年芬兰的《基础教育法》颁布，其中明确规定，所有适龄儿童均须接受义务教育，这是学校走向全纳的一个重大步骤。1985 年芬兰颁布的《国家基础教育核心课程》，进一步明确强调了学校中教学差异化的重要性，并强调在必要时，学校应该帮助学生按照自己的年龄阶段和学业能力制订个人学业规划。在这一阶段，全纳教育理念得到了进一步发展，将有特殊教育需要的学生纳入到普通教育学校系统中，但其主要的教育形式仍然是特殊教育学校。

第三个阶段的重心是努力使所有学校普遍关注学生的需求和教学质量，这一教育改革开始于 20 世纪 80 年代，并在 90 年代得到全面发展，并一直持续至今。1994 年，芬兰修订了《国家基础教育核心课程》。1995 年，又对特殊需要教育进行了全面评估。1998 年，《基础教育法》再次得到修订。2001 年，芬兰的基础教育课程方案更详细地确定了基础教育的共同目标，

①　Irmeli Halinen, Ritva Järvinen: *Towards Inclusive Education: The Case of Finland*, Prospects, 2008.

并重新分配了各科目的课时。2000 年，芬兰制定了第一套《学前教育国家核心课程》，2004 年又重新修订了《国家基础教育核心课程》，实行 9 年统一义务、全面的儿童基础教育。[①]

这些变化使所有的学生，甚至是那些有最大发育障碍的学生，都能够进入基础教育的同一学校系统中学习。新条例强调，学校和市政当局必须支持所有学习者的教学和福利。然而，有特殊需求的学生数量在不断增长，这引发了有关教育体系全纳性的积极辩论。

自 2004 年以来，虽然芬兰在学校福利、学生指导和咨询以及特殊需求教育方面进行了广泛的国家发展计划探讨和更多的经费投入，但许多挑战仍然存在。比如基础教育领域的最大挑战之一是减少那些专门提供特殊需要教育的机构的数量，加强和改善常规主流环境中所提供的多专业支持的质量，让有特殊教育需要的学生能在常规主流的学校环境中获得最有利于自身成长的支持和帮助。从全纳教育的观点来看，高中教育面临着更大的挑战。挑战之一就是对高中师资的高要求。许多研究人员、管理人员和高中教师认为现有的芬兰高中学校

① Halinen, Pietilä: Yhtenäisen perusopetuksen kehityksestä [The development of the comprehensive school]. In K. Hämäläinen, A. Lindström, J. Puhakka (Eds.), *Yhtenäisen peruskoulun menestystarina* (pp. 95～107). Helsinki: Yliopistopaino, 2005.

体系是非常灵活的：高中教育体系为学生的学习提供了充分的可选择性，教师可以利用自身的专业知识来帮助学生实施个性化的学习计划。这种充分体现了芬兰全纳教育的思想，在保障学习者学习权利的同时，更关注学习者的个人需要。这就对教师提出了高要求，无论在什么类型的高中学校或班级，教师都应该为学生的个性化需求提供良好的学习环境和足够的支持。正如有研究者所指出的那样，教师的素质和技能被认为是实施全纳性政策的关键，高质量的高中教师教育对于发展教育至关重要。[①]

从芬兰全纳教育理念的发展演进历程可见，芬兰高中教育作为芬兰基础教育的一个重要阶段，其发展演进始终秉持让每一个学生取得成功、提供适合学生个性的优质教育的理念，高中阶段的教育评价，包括课程评价、教学评价、学生评价，均是基于这一理念，指向促进学生个性化的全面发展。

---

① Moberg: Opettajien näkemykset inklusiivisesta opetuksesta [Inclusive education from the teachers' point of view]. In P. Murto, A. Naukkarinen, T. Saloviita (Eds.), *Inkluusion haaste koululle. Opetus 2000* (pp. 82～95). Jyväskylä: PS-kustannus. 2001；Pinola: Integraatio ja inkluusio peruskoulussa. Luokanopettajien asennoituminen kaikille yhteiseen kouluun [Integration and inclusion in basic education. The attitudes of class teachers concerning the common school for all]. Kasvatus, 2008(1), pp. 39～49.

三、评价的模式：以内部学校课堂评价为主，外部标准化测试占比小

（一）评价主体以学校为主

芬兰高中教育质量的评价体系主要包括招生类考试在内的学生学业水平考试，教育资格和行业执照考试，以及国家、区域和学校质量监测。此外，芬兰也参加经济合作与发展组织和欧盟等国际组织主持的教育评价活动，如国际学生评价项目等。20世纪90年代以来，芬兰将多数的教育管理权、决策权和监督权都下放到地方政府和学校。与这一教育管理体制相适应，学校成为很多教育评价的实施主体，政府设立的专门机构只承担其中一部分评价任务，社会第三方组织实施的评价活动则相对较少。

以芬兰的大学招生考试为例，如前所述，主要有两种形式，一种是由国家统一组织的大学入学资格考试（高考），另外一种是大学的自主招生考试。前者由大学入学资格考试委员会负责，它是政府设计的专门机构，但成员大部分来自高校不同专业的教授、各个高中的教师，以及一部分教育政策制定者。可见，评价的主体是一线的学校与教师。委员会负责考务管理、试题编制、试卷评分、学生分数复查等专业性及事务性工作，试题

编制和试卷评分工作由来自不同高校和高中的约 330 名成员组成的联合委员承担，这也高度凸显出芬兰的大学入学资格考试非常强调学校及教师作为评价主体的重要地位。而高校自行组织的自主招生考试，学校的自主权就更大了，可以自行确定各专业的招生和选择标准，可以不看学生的高考成绩，而只根据学校举办的专业考试或面试来决定是否录取学生。高校自己的考试和选拔机制在招生中起到了更为重要的作用。

在教育质量监测方面，芬兰已形成了较为完备的"教育评价网络"质量监测体系，该体系由自我评价和外部评价两部分组成，分为国家、地方和学校三个层级。在国家层面，由芬兰教育评价中心（Finnish Education Evaluation Center，FINEEC）负责制订全国教育评价五年计划，并为全国学前至高等教育阶段的教育质量提供评价服务。该中心于 2014 年成立，是一个非行政性的专业化教育评价机构，它由政府设立，但独立于芬兰教育与文化部。目前，该机构是芬兰国家层面仅有的教育质量监测机构。在地方层面，根据芬兰的《基础教育法》等相关法律和文件的规定，地方政府一方面需要为国家层面的外部评价提供准确的数据信息，同时还需对所辖区域范围内的教育活动进行自评。地方层面的自评主体通常由地方委员会、地方审计委员会和地方教育委员会共同组成。评价方案、评价模式和具体的评价方法均由地方自行决定。如赫尔辛基市的学校办学质量评价和监测，就通常采用"校间同行审核"的方式进行，具体而言，就是市辖区内各校长和部分教师会对其他学校进行办学质量的同行评审。值得一提的是，无论是国家层面还是地方层面的教育质量外部评价，都不具备行政约束力，不管学校在监测中的表现如何，政府一般都不会直接干预学校运作。在"教育评价网络"质量监测体系中，各高中学校不仅是被评价的对象，更是评价的主体。学校自评的主要内容是学校教学服务的可获得性及有效性，主要由校长自评、教师自评、学生自评以及学生学业水平评价几个部分构成。这里的学业水平评价不同于高考，它是由学校自行组织的，评价的目的在于及时反馈学生学习中存在的问题，鼓励和指导学生的进一步学习，同时为地方层面和国家层面的外部评价提供信息。值得注意的是，学生的学业成绩是由师生双方共同评价从而决定等级分数的，而非教师单方面打出的等级评分。

（二）关注学生个性发展和认知过程

教师是高中学生在校表现和学习进步情况的主要评价者，需要自行设计和实施适当的测试和评价来监控和评测学生的进步情况。但是，芬兰学校在检验学生的进步或成功时，并不使用标准化的测试。主要有以下几个方面的原因：

第一，芬兰高中非常强调个性化学习和创造性教学，国家的教育法律政策也给予了其高度的优先权。因此，判断与评价高中生在学校是否取得进步，主要依据是高中生各自的品质和能力，而非单一的标准化测试分数和统计指标。同时，各学科成绩数据的获得，也不仅仅是通过标准测试，而是需要学校的抽样标准测试结合主题评论共同获得。

第二，教育促进者将课程、教学和学习作为教育的三个优先组成部分，认为教育工作的关键是推动教师针对以上三个方面的思考和学校展开相应的实践，而不是像其他国家教育系统那样去重点关注单一的评价和测试。芬兰学生评价的目的是促进教师的教和学生的学，它嵌入进课程、教学和学习的整个过程之中。

第三，决定学生个性发展和认识过程的是学校的课程与教学，而不是外部的评价。课堂评价和学校评估能够针对学生的学习情况进行及时跟踪与反馈，从而更好地促进学生的学习。而外部的标准化测试则存在着应试教学、窄化课程、造成学校间和教师间不正当竞争等问题。尽管大多数芬兰学校承认，教师在对所有学生进行评价时存在一些不足之处，比如如何确保评价的一致性及可比性问题，但学校内部评价的重要性始终被放在首位。也正是因为存在上述不足，在芬兰，课程评价和学校评估被作为教师教育课程及教师专业发展的极其重要的组成部分。

总而言之，评估主要用于芬兰的教育发展。芬兰教育和文化部定期对全国的学习成果进行评估，但这些评估只对随机的、分层的学生进行。其目的是在国家一级跟踪芬兰国家教育委员会提出的各项目标的实现情况，其结果主要用于引导教育的发展。芬兰高中生需要面对的唯一外部标准化评价就是高考，即国家层面的大学入学资格考试。但如前所述，这个考试也并不只强调学生的分数，它通过论文的形式进行，主要考查学生各学科的知识、技能和素养，并且最后的评价也以等级呈现。

（三）关注自我评价

芬兰的评价系统强调信任、支持和发展，而不是控制。[1]它关注的是自我评价，而不是全国性的考试或学校排名。根据国家和地方的目标，自我评价的任务是找到需要改进的地方。在国家一级，教育当局主要评估教育政策的成功程度。在市级，主要评估自己的教育活动成效，并承担发展教育的责任。自我评估的目的还在于促进家长、其他利益团体对教育系统的目标、程序和结果的共同、综合的理解。国家层面的自我评价通常是对学生成绩、学生健康和学生获得的福利进行全国性抽样评价，

---

[1]　Välijärvi: The system and how does it work—some curricular and pedagogical characteristics of the Finnish comprehensive school. *Education Journal,* 2003(2), pp. 31～55.

并通过专题评价来展开，其中一项评价就涉及特殊需要教育。国家教育委员会与教师教育部门、学习材料出版商、研究人员、市政教育主管部门、校长和教师以及社会服务和国家保健系统的代表等广泛合作，创建核心课程。这种合作有助于确保教师得到社会其他行动者的支持。[①] 国家核心课程规定了所有学校安排其工作的共同准则，覆盖了整个学校运营领域，包括对所有学生的教育（含特殊需要学生）。该方案要求市政当局和学校与家长、市政社会和卫生当局合作，特别是解决与学生发展和福利有关的问题。

这种评估设想学生是一个主动的学习者，强调以互动和参与为基础的友好、支持环境和开放、鼓励的经营文化。每个市政当局都根据城市协调委员会拟定市政课程，考虑当地儿童和家庭的需要，每一所学校都有自己的课程，为每位教师制订年度工作计划，并在需要时为学生制订个人学习计划。[②] 同时，教师和其他学校工作人员密切参与课程的规划。教师在讨论课程问题时，必须考虑课程计划对其教学和学生学习的影响：如

① Merimaa: Uudistuva perusopetus, esipuhe [Transforming basic education]. In E. Vitikka, O. Saloranta-Eriksson (Eds.), *Uudistuva perusopetus* (pp. 5～6). Helsinki: Opetushallitus. 2004.

② Halinen: L'école de l'é quité et de l'intégration: Le cas de la Finlande [The equal and inclusive school: The Finnish case]. *Revue internationale d'education,* 2006:41.

何组织特殊需要教育、如何支援有学习困难的人士、如何进行学生辅导、如何确保学生的幸福。学校还制订相应的配套计划，以确保有一个安全的学习环境，比如监督学生缺勤情况，保护学生免受欺凌、暴力和骚扰。通过这个过程，教师们懂得把学校作为一个整体来看待，也学会了承担比自己的班级或学科更多的责任。这促进了教师整体专业知识的提高，为全纳性教育的实践奠定了更好的基础。学生和家长也越来越多地参与学校的课程，他们的需求和意见也确实影响着学校的做法。

四、评价的内容：立体多维

（一）课程评价

芬兰普通高中实行"不分年级授课制"，学生进入高中的首要之事就是根据自己的人生发展规划进行课程选择。因而，对课程进行科学的评价就显得尤为重要。芬兰高中课程评价的目的是唤醒和激发学生的学习兴趣与信心，不断促进学生的学习，展现学生的进步，而非对学生进行甄别和选拔。紧扣这一目的，根据芬兰普通高中课程框架，课程评价遵循公平、可靠的准则。全新的课程评价方式非常注重让学生参与其中，不仅会在评价前让学生了解课程评价的指导思想、评价的标准、评价的方式和方法，而且，在课程教学过程中，教师也会鼓励学生培养自我评价的能力，积极进行自我评价，进而使学生能独立设定自己的学习目标，并根据目标采用合适的学习方法，及时调整学习进程，顺利完成各学科课程的学习。课程评价的精髓最主要体现在学程评价当中。学生在结束每个学程的学习后都会有一次评价，目的是为学生提供反馈，使学生了解自己的学程目标达成情况，以及在该学程中是否取得了进步、取得了哪些进步。学程评价是多元化的，不仅有纸笔测试，还有来自任课教师对学生整个学程学习过程的持续观察，也有对学生作品的评价，以及学生的自我评价。评价的最后结果由师生双方共同决定。总的看来，芬兰高中课程评价的特色可通过以下几个维度来展现：

1. 评估人员和评估标准

按照芬兰高中学校法令的相关规定，高中的每门学科或学科组的评估可能由教师来决定，如果有多个教师参与评估，则评估结果由他们共同决定，而最终的评定则由校长和教师共同决定。[①]高中各学年不同的学程，其评价方式通常是不同的，主要包括等级分数评定、以通过/失败（S=passed, H=failed）为标志的评定或者口头评定三种方式，具体采用哪种方式，由课

---

① Core Curriculum for Upper Secondary Schools, Finnish National Board of Education National, 2003: 225.

程内部需要决定的。同时，也并非绝对地采用三种方式择其一的方法进行评定，比如等级分数的评定可以结合口头反馈或书面评价进行，后者起到补充或细化评价的作用。根据国家核心课程框架的规定，每科的必修学程和国家性的专业性学程会以等级分数评定；其他应用性学程和专业性学程的评定方法则不做硬性规定，可以是等级分数评定，也可以是以通过/失败为标志的评定，抑或进行口头评定，具体采用何种评定方式，也是在课程内决定的。当然，课程学习评定中也会存在一些特殊的情况，这些情况应被纳入到等级评定时的考虑范围当中。如，对学生学习障碍进行诊断，具体包括移民学生的语言困难、学生的诵读困难和其他影响学生在测评中能力发挥的各种困难，这些情况都需要在课程评定时充分考虑，以便为学生提供特殊安排，使他们能够展示真实的能力。同样，学生的这些困难也是在决定学生的学程等级时应该考虑的因素。

此外，高中学校法令还规定，学生对评定标准和标准的使用过程有知情权。[1]在每个学程开始进行时，就必须向学生提供这些评价标准的信息，这样不仅可以增强学生的学习动机，同时也可以提升对师生的法律保护。

---

[1] Core Curriculum for Upper Secondary Schools, Finnish National Board of Education National, 2003: 225.

2.学习进步的鉴定

以往的分年级制高中课程学习，主要是通过学生的年级递升来判定其学习的进步，而对于没有年级界限的不分年级授课制，年级递升这一标准显然是无效的，这就需要另外确定一套标准体系。根据芬兰高中学校法令的相关规定，对于不分年级制中的每个学科或学科群，课程框架会规定学生要想在某一科目或学科群获得进步所需要通过的学程，这可以作为判断一个学生学习进步程度的标准。如果学生的某项成绩没有达到合格标准，将会有另外的机会来证明已经获得同等的知识和技能。[①]除此之外，根据高中学校法令规定，每个高中生在学习上的进步都必须得到监控。

3.学分的转换认证制度

学分的转换认证制度主要是为不同教育机构间的相互合作服务的，它为教育机构间的有效合作提供了实质性的保障，同时也可服务于高中学生在不同学程之间进行自由转换。具体而言，学分转换认证制度通常服务于三种情况：一是实现学生在长期和短期两种学程之间的自由转换；二是使学生在其他教育机构中获得的学分得以认证与转换；三是对学生在国外所获学

---

① Core Curriculum for Upper Secondary Schools, Finnish National Board of Education National, 2003: 225.

分进行认证。

第一种情况通常又细分为两种情形：一种情形是，当一个学生从一个高级别长期的学科大纲转变到一个短期的大纲学习时，只要两者的课程目标和课程核心内容是一致的，那么这个学生在高级别课程大纲中完成的学习内容会在短期大纲中得到相应的认证，符合上述要求的，在高级别大纲中的学程所获得的学分会直接转换为短期学程中的学分。而在高级别大纲中完成的，不符合上述要求的其他学习有可能会在短期大纲中作为专业性或应用性学程的学分获得认证，具体需由课程大纲来决定。如学生提出直接转换学分的要求，则需要参加一次附加性考试，以此来证明他的能力水平。另一种情形是，当一个学生从短期大纲转变到一个长期大纲时，以上提到的原则仍然有效，只是学生需要提供进一步的学习证明，学分也会根据所提供的证明得到认证。①

在第二种情况下，根据普通高中学校法案规定，如果学生在其他机构所学学程的目标和核心内容与他所在高中保持一致时，那么他在其他机构获得的学分可以记入其所在高中的总学分当中。② 另外，根据单独的规定，认证学分的决定必须在毕

---

① 李娟：《芬兰高中不分年级制研究》，东北师范大学硕士学位论文，2014 年。

② Core Curriculum for Upper Secondary Schools, Finnish National Board of Education National, 2003: 226.

业典礼之前。[①] 根据规定，学生在其他教育机构完成的学习得到学分转换认证时，由其他教育机构做出的评价就会保持有效。当然，学分转换的过程中还存在一些特殊的情况，例如，高中学校不能决定在别的教育机构所完成的学程该对应学校里较高一点的等级还是较低一点的等级，这时候的对等转换就要看学生的具体表现来决定。

第三种情况下，学生在国外完成的相关学习，也可以作为高中阶段的必修学程、专业性学程或应用性学程得到高中学校的相应认证。只是，如果这些学习是作为必修学程或专业性学程进行认证的话，首先必须获得国家核心课程框架的认可。在某些特别情况下，有可能还需要学生提供其他的学习证明来证明其等级分数。

无论是以上哪种情况，进行学分认证的一个基本原则就是必须避免学习时间的缩短以及学习的重复。

（二）教学评价

通常情况下，芬兰高中的课堂教学评价是由教师自主进行的。然而，目前芬兰也在进行相应改革，围绕着国家基础核心

---

① Core Curriculum for Upper Secondary Schools, Finnish National Board of Education National, 2003: 226.

课程，以课堂教学为中心，展开国家及国际级的教师评估，教学评价中的各项指标体现出对高中选课走班的质量支撑。

芬兰捷瓦斯基拉大学教育研究学院的 Pentti Nikkanen 教授和 Jouni Valijarvi 教授曾参与过欧盟 8 国的科研项目 "Effective School Improvement"（"高效能学校改进"），在此基础上又参加了由美国路易斯安那州立大学主持、17 个国家参与的国际"教师观察与反馈国际体系"（ISTOF）项目。在经过 5 次翻译、回译、提炼、整合以及反复修订后，该项目产生了比较成熟的"教师课堂观察与反馈量表"，两位芬兰学者用这一量表对芬兰的专家学者、中小学教师和学校管理者进行了多次调查和测试，得出了芬兰教师课堂教学评价中的 7 项一级指标和 21 项二级指标，详见表 4-1。[①]

表 4-1　芬兰教师课堂教学评价指标

一级指标	二级指标
1. 评估与评价	1.1 教师给予学生明确、详细、建设性的反馈
	1.2 根据教学目标和目的进行评价
2. 整体引导与因材施教	2.1 营造所有学生都能够积极参与的学习环境和氛围
	2.2 全面了解并充分考虑学生的差异

---

① 孙河川、鲁良、刘文钊、郝妍:《芬兰教师课堂教学评价指标对辽宁省教师评价的启示》,《第八届沈阳科学学术年会论文集》, 2011 年。

续表

一级指标	二级指标
3. 清晰有条理的课堂教学	3.1 教师表现出良好的沟通技能
	3.2 能够清晰地阐明教学目的
	3.3 安排合理、结构得当的课堂教学
4. 教学技能	4.1 能够调动学生参与学习的积极性
	4.2 具备很好的提问技巧
	4.3 运用各种教学方法和策略
5. 促进学生主动学习以及发展元认知的能力	5.1 帮助学生发展解决问题的能力和自我管控的策略
	5.2 提供学习机会，使学生成为主动的学习者
	5.3 培养学生的批判性思维能力
	5.4 把教学材料与学生的日常生活和经验相联系
6. 课堂氛围	6.1 重视所有的学生
	6.2 提倡积极的互动和参与
	6.3 教师与所有的学生形成互动
	6.4 教师对学生寄予高期望
7. 课堂管理	7.1 课堂学习时间最大化
	7.2 清晰可见的班级规章制度
	7.3 及时有效地处理学生的不当行为和课堂干扰

（三）学生学业评价

依据内容和难度的差异，芬兰普通高中的课程被划分为数量不等的若干个学程，平均每个学程 38 个课时，每课时 45 分钟。为了解学生在学程内的课程目标达成度，反馈其在该学程中的学习进展等情况，每个学程结束时会有相应的考核评分。考核评分的依据包括 4 个方面：课程的书面考试、对学生提交的作品的评价、教师对学生整个学程学习进展的连续观察、学程结束时学生的自我评价。评分标准从高到低依次分为 7 档：10 分（优秀）、9 分（很好）、8 分（好）、7 分（较好）、6 分（满意）、5 分（及格）、4 分（不及格）。学校会提前告知学生各学程的评分标准与评分细则，并征求学生意见，最终获得学生认可。如果学生被评为不及格，学校必须给学生参加另一次考试——补考或其他评价的机会；那些已通过学程考试但得分不高或者希望评分有所提高的学生，由各校自行决定是否给予再次参加考试的机会。①

---

① 贾海菊、朱成科:《芬兰普通高中课程评价及对我国课程改革的启示》,《教学与管理》2009 年第 10 期。

第五章 **5**

芬兰普通高中选课走班制实施的其他配套制度

芬兰普通高中选课走班制得以顺利实施，除了有相应的高中招生、评价制度（尤其是高考制度）予以支持和保障外，还有其他一系列相关配套制度的支持与保障。芬兰自1999年开始实施的不分年级授课制使高中选课走班成为可能，与之相配套的学制改革——弹性学制和短期学制的实施，为选课走班提供了空间。此外，强大的高中师资队伍、专业化的教育咨询指导、专业化的学校管理和课程管理，以及芬兰四通八达的教育系统、基于信任的教育文化，均为高中选课走班的实施提供了足够的支持和保障。

第一节　芬兰普通高中的不分年级授课制及学制改革

20世纪80年代，随着芬兰国内政治、经济形式的变化和教育理念的变革，芬兰高中教育阶段开始实施不分年级授课制改革。人本主义心理理论、建构主义学习理论、教育机会均等理论以及个别化教学理论分别从不同角度为不分年级授课制提供了依据和支持；学习方式上，学生被赋予了很大的自主权；教学方式上，除了按照学段和学程组织教学外，在教学方法和教学材料的使用上都做出了改变。芬兰高中实施的不分年级授课制正是通过对学习方式、教学方式的改变，使选课走班成为可能。此外，芬兰高中还对学制进行了改革，实行灵活的弹性学制和短期学制，有弹性的学制使得学生在安排学程的学习时有更大的灵活性，能够适应学生不同的学习进度。

一、芬兰普通高中的不分年级授课制

1999年1月，芬兰颁布了新的《高中教育法案》，首次明确提出在芬兰所有高中实施不分年级授课制。不分年级授课制打破了传统的固定班级授课模式，不再为学生分配固定班级和固定教室，不同学年入学的高中生会因为选择了同一级别的同一门课程而坐在同一个教室里学习。这一制度使芬兰高中学生的选课走班成为可能，最大限度地满足了不同个性倾向、不同兴趣爱好的学生个体的发展需要，真正实现了"以人为本"的理念。

（一）不分年级授课制的理论基础

任何一种教学组织形式都有一定的理论基础作为支撑，为其提供存在的合理性和正确的理念，不分年级授课制也是在一定的理论基础上形成和发展的。有学者研究认为，不分年级授课制的产生主要受到了人本主义心理理论、建构主义学习理论、教育机会均等理论以及个别化教学理论的综合影响，这4种理论所倡导的教学价值观都在不分年级授课制中得到了体现。人本主义心理理论提倡尊重学生的兴趣和个性差异，从心理学角度为不分年级授课制的教学理念提供了依据；建构主义学习理论对学习者个性的尊重和注重学习者的学习过程都与不分年级授课制的内涵与原则不谋而合；不分年级授课制的产生最直接的理论基础是教育公平思想的进一步发展，随着社会民主化的不断发展，社会公平便成了社会发展的关注点，而社会公平的理论也对教育的发展提出了相应的要求，因此，芬兰不分年级授课制的产生其中一个很重要的因素就是公平理念的转变；不分年级授课制属于个别化教学的一种模式，是随着个别化教学的不断发展而分化出来的。[①]

（二）不分年级授课制的学习方式

每位学生根据自己的实际需求、个人兴趣和已有学习基础，按照学校印发的课程设置手册指导，选择不同的课程科目、课程程度和授课教师，再根据教学情况制订自己个性化的学习计划。如果选修的课程没有通过考试，还可以自主选择在任何学段重新选修，直到考试合格。学校对选修课程基本不做限制。此外，学校还鼓励一些成绩优秀的学生选修大学课程，利用大学的资源提升自己的学习。在这种选课制度下，每个学生都有

---

① 杨德军、李群:《芬兰"不分年级制"高中课程改革及启示——以罗苏高中为例》,《教育科学研究》2004 年第 2 期。

独特且适合自己的学习计划，大大增加了学习的灵活性和个性化。当然，学生在学年初制订的学习计划可以根据学习进度随时进行调整和修改。同时，芬兰高中强调让学生学会自主学习和合作学习，还会对学生的学习环境进行整体规划，从而使学生练习他们从其他地方所学到的知识。

（三）不分年级授课制的教学方式

在不分年级授课制下，芬兰高中的教学安排是根据学程进行组织的，这种按学段和学程组织教学的形式克服了传统教学的不足，更有助于学生学习，也不会造成因周期长而遗忘的现象。另外，有的学校还对每节课的时长进行了改革，例如，罗素高中根据学生的群体特点和注意力集中时间进行科学测试，在 2002 年从每节课 45 分钟延长到了 75 分钟，课时的延长不仅使学生在一节课里有更多的时间去理解和实践知识与技能，也使教师有了更多的时间去运用先进的教学手段。[①] 此外，芬兰高中还会统一安排课程和教室，在课程安排上保证必修课程的重复率，从而使课程教学有条不紊地进行。

在教学方法的使用上，由于芬兰高中强调学生自主学习和合作学习，教师非常注重学生独立思考的精神和为学生创造独

---

① 李娟：《芬兰高中不分年级制研究》，东北师范大学硕士学位论文，2014 年。

立思考的环境，因此，教师在课堂上的讲授时间不超过10分钟，会准备很多高水平的问题，通过提问题的方式来激发学生思考，从而达到教学的目的。比如，在英语课上，教师不是灌输式的教学，而是让两位同学相互问答、对话和讨论，使学习过程轻松愉快，没有压力，这样不仅充分调动了学生学习的积极性，而且也使学生有更多时间来做自己感兴趣的事。[①]

在教学材料的使用上，随着不分年级授课制的实施和课程的改革，自从国家颁布核心课程框架以后，就改变了以往由国家规定教材的情况，而是由学校、教师和学生自行选择市面上适合自己的教材版本，市场上的教材也会根据教师和学生的意见进行改进。另外，学校还可以自己编写教材。关于新科技在班级的运用也没有相关的规定，因此不同的教育者可能在这方面的应用会有很大的差异。通常教师都会用到一个由芬兰教育部负责维持和更新的国家网站，里面包括了教学信息和教学支持，比如网上学习材料，但是，像书本、笔记本和钢笔等各种学习材料都是不提供给学生的（不同于基础教育），所以学生需要自己准备这些材料。[②]

---

① 唐锡炳:《感受以人为本的教育——芬兰教育考察报告》,《山东教育》2007年第 26 期。

② 李娟:《芬兰高中不分年级制研究》, 东北师范大学硕士学位论文, 2014 年。

（四）不分年级授课制的特色

芬兰不分年级授课制的目的就是增加学校的灵活性，提倡学生的个性化，以适应经济全球化不断推进、国际竞争日益加剧、知识经济不断崛起和信息技术迅猛发展的国际大背景和国内经济迅速发展所提出的要求。[1]

芬兰的《高中学校课程框架》中总结了不分年级授课制的特点及优势，主要表现在以下 4 个方面：第一，不分年级授课制最大程度地发挥了基于模块的学习的优势。在不分年级授课的高中，学生不存在升留级的情况，各种课程开设的门类与时数也不与年级挂钩，取消年级，加上广泛的选择性课程，使学校能够根据自身特点灵活发展。第二，在不分年级授课的高中，学生能够得到更大程度的个性化全面发展。一方面，学生可以根据自己的需要、兴趣、目标、个性特长、能力来选择相应的课程和适合自己的老师，从而考虑和决定自己的学习计划，在这个过程中，学生不仅感受到了被尊重，而且每个人都有机会寻找最适合自己的学习和教育；另一方面，这个灵活选择的过程，不仅提升了学生的自我认知，也给予他们更多机会实践学习，提升个人生活管理技能；同时，在高自由度选择的过程中，

---

[1] 李娟：《芬兰高中不分年级制研究》，东北师范大学硕士学位论文，2014 年。

需要学生能更好地管理时间，这也能教育学生承担责任，有利于学生致力于实现他们的计划。[①]第三，课程评价更具灵活性和合理性。第四，学校之间的合作加强，能够实现资源共享，优化资源利用。

芬兰高中以不分年级授课制为主要特色的课程设置模式从 20 世纪 90 年代实施以来，成果显著，但也有一些需要改进的地方。2003 年 3 月起草，2005 年开始在全国推行的《高中课程方案（草案）》，对原有的高中课程方案进行了较大修订，进一步强化了对高中生个性化教育的多元化认识，主要包括：

第一，强调基本的价值观教育，如尊重人权和生命权，尊重人的生活权利、平等权利，公正、民主和普遍的福利，对人类文化传统的批判性继承，对人类文化的包容态度和国际合作精神，环保与可持续发展，积极探索真理及终身学习的态度等。第二，强调所有人都有平等接受教育的权利。由于国内资源匮乏，五百万人口的教育就显得极为重要，因而芬兰教育当局强调教育系统要涵盖所有人，一个都不能放弃，必须为所有人提供平等的受教育和接受高质量教育的机会，同时要为学生提供满足个人需要的学习安排，这部分内容曾在其义务教育中受到重视，现在被列入高中课程，方案中还提出向学生提供支持性

---

① 李家永：《芬兰普通高中教育的改革》，《比较教育研究》2003 年第 8 期。

的工作，其中"补救性的教学"针对学习存在问题的学生，教育部门要求每个学校都必须有应对学习有困难学生的计划。第三，突出地方的课程建设自主权，课程方案的制定在全国范围内来说只是一个基本框架，地方被赋予较大的教育自主权。比如学校可以根据地方和自身特色，根据学生实际水平和社会发展需求开设适合于当地学生的各类课程，也就是说，学校具有较大的自主权，可以按照自己的教育思路去发展、建设学校。第四，强调学习过程中学生的主体作用。课程方案指出，必须由学生自己去建构自身的知识、技能和世界观体系，学校的教学要着力于培养学生观察世界的能力，帮助他们树立正确的世界观。与此同时，新方案还强调学生应该具有合作、积极参与、诚实、勇于担当等品质，应该对自己的权利和责任有清晰的认识，比如清楚地认识理想与现实之间的冲突，清楚地认识到芬兰和国际社会发展中存在的问题等，这样才能培养学生应对未来挑战的能力。第五，强调加强对学生的指导、咨询工作。为了应对不分年级制课程中无固定班级所带来的学生管理问题，迫切需要为学生个人、学习团体以及不同科目和进入大学等的学习提供指导咨询，新方案强调对学生的指导咨询工作的组织，包括对学生个人、学生团体、不同科目的指导和咨询。[1]

---

[1]　杨德军、李群:《芬兰"不分年级制"高中课程改革及启示——以罗苏高中为例》,《教育科学研究》2004 年第 2 期。

二、芬兰普通高中的学制改革

20 世纪 70 年代以前，芬兰教育实行双轨学制，学生 7 岁入学，经过 4 年的小学教育后，根据其学业表现，一部分学生进入当地中等文法学校就读，另一部分学生则进入市民学校。文法学校分为初中和高中，其中初中是 5 年，高中是 3 年，这是升入高等学校的唯一通道，市民学校的学生在毕业后只能进入职业学校体系。但由于文法学校的学费高昂，因此许多低收入家庭子女无法就读。

1968 年，芬兰颁布了一个自上而下的综合学校改革法案——《学制法案》。法案规定，基础教育阶段不实施分流，而是建立一个面向所有芬兰学生的 9 年制学校，即将原来的市民学校和初中进行合并，形成一个 3 年制的完整的初中教育；普通高中分离出来，自成一体，普通高中毕业的学生既可以选择传统的大学，也可以选择职业学院。新学制于 1972 年开始从芬兰北部和东部的偏远农村地区开始实施，到 1977 年在芬兰南部全部实施。[1]

虽然芬兰基础教育当时已实行学制一体化，但初中的高段年级仍采用"能力分班方法"。学业高成就班等于高中先修班，

---

[1]　徐双荣、旭东英：《试论芬兰的学制改革》，《教育评论》2010 年第 2 期。

这种班级的毕业生可以自然地升入到高等教育。而就读高中学校、参加大学入学考试是当时芬兰学生升入大学的唯一通道。学业成就低的班级如同改制前的市民学校毕业生，因而面临教育机会不均的情况。废除分流教学，使普通高中和职业高中学生具备同样接受高等教育的机会，改革职业教育学生能够进入到具有竞争力管道的中等教育体制，成为芬兰政府在中等教育阶段的重要改革目标。1985 年，《高中法案》颁布，明确中等教育垂直整合到整个学制中，而不是把普通高中与职业高中平行合并，并开始实施核心课程，取消年级制。这项改革历时多年，直到 1992 年在全国才全部实现。[①] 从 2001 年开始，芬兰普通高中学生毕业后只要通过大学入学考试、职业学校的学生取得相应的职业资格后，就能进入大学或技术学院进行深造。芬兰高中学制的改革，证明了芬兰政府根据国家需要，适时地调整高中阶段的教育政策，促使其形成较为科学的、公平的现代高中学制。

（一）芬兰普通高中学制改革的具体措施

1. 实行弹性学制

为了满足不分年级授课制实施的要求，芬兰高中实施弹性

---

① 徐双荣、旭东英：《试论芬兰的学制改革》，《教育评论》2010 年第 2 期。

学制，学校会根据每个学生的实际情况，按学段、学程组织教学，实行个性化的教学，将高中学制由过去的固定 3 年改为有弹性的 2 ～ 4 年。实行弹性学制，可以充分照顾到学生的个性差异，满足学生个性发展的需要，使每个学生都有不同的学习计划和学习进度，有利于每个学生根据自身的实际情况合理安排学习进度，因而普遍受到学生的欢迎。但是，有不少学习非常优秀的、用 3 年时间就可以顺利完成高中学业的学生却选择用 4 年完成。出现这种现象主要有两方面原因：第一，延长高中阶段的学习时间，学生就有更多的闲暇时间去做真正感兴趣的事情，如健身、旅游、娱乐等。第二，更重要的一个原因在于，高中毕业后要想上大学，除了需要通过全国性的高中毕业会考，还要参加各大学自己组织的入学考试，学生想要到理想学府进行深造，就要面临更为激烈的入学考试竞争压力。因此，不少平时学习成绩不错的学生会主动将高中生活延长一年，为将来的升学考试打好坚实的基础。

2.实行短学期制

1994 年，芬兰政府颁布《高中学校课程框架》，标志着短学期制的确立。短学期制规定，每学年划分为 5 ～ 6 个学期，每学期 6 ～ 8 周，每学期学生可以自主选择 5 ～ 6 门课程。短学期制有利于学生短时内专注强化学习几门课程，有利于知识的快速掌握，也有利于学校管理，有些课程可以在一学年内重复开设，学生可以根据自己的需求搭配更丰富的课程菜单。

第二节　芬兰普通高中的管理制度

加强制度建设、强化制度管理是做好学校管理工作的关键。芬兰高中学校由所在地的教育委员会直接管理，学校设有董事长，日常管理实行校长负责制。芬兰高中通过进行管理改革，为选课走班制的实施提供了全方位的支持与保障。

一、专业化的教育咨询指导制度

芬兰不分年级授课制给学生的自主学习提供了很大的空间，学生个性被解放后，学习情况呈现出多样化趋势，不仅给教师教学带来了一定的困难，学生能否克服外界干扰自主进行学习，能否制定合适的学习方案也是让家长和教师担心的问题。为此，芬兰的高中学校为学生提供专业化的教育咨询指导，以保障不分年级授课制度的顺畅有效运行。芬兰高中学生指导与咨询重点支持学生找到适合自身并适用于终身学习的学习方式，支持学生认识到自己的优势和发展目标，并实践信息获取技能、生活规划和管理技能以及生涯决策技能。[①]

---

① 张蔚然、石伟平:《芬兰中小学专业化学生指导与咨询：缘起、路径及启示》，《全球教育展望》2019 年第 8 期。

在不分年级授课制实施之后，芬兰的高中学校均增设了教导咨询办公室，确立了相应的学生咨询指导制度，包括学生顾问制度、辅导员制度、学生自我管理制度和导师制。这一系列改革，将学校全员的潜力都调动与发挥出来，上至校长，下至学生辅导员、学生顾问、任课教师等，都积极参与到学生的日常管理和指导工作中来，为学校的发展创设了积极参与、全校动员的良好氛围。[①] 可以说，学生顾问制度、辅导员制度、学生自我管理制度和导师制是芬兰高中教育管理的一大特色，不仅实现了对学生的思想道德和社会知识教育，也有效解决了学生管理上出现的问题。

学生顾问制度、辅导员制度和学生自我管理制度前文都进行过详细论述，这里主要介绍导师制。导师制是芬兰高中学生发展指导体系的一大特色，芬兰高中导师有专职和兼职两种，其中特需导师是学校必不可少的一个指导群体。芬兰高中非常看重学生的心理发展，从将心理学作为必修课程就可看出其对学生心理发展的重视程度，因此芬兰高中的兼职导师都是学习过心理学、社会学、哲学和宗教学科的教师，因为芬兰学生的人生观、价值观和心理指导等需要具有专业知识的教师进行指导。芬兰高中对学生的发展进行指导主要通过两条路径：一是

---

① 李娟：《芬兰高中不分年级制研究》，东北师范大学硕士学位论文，2014年。

开展师生之间的谈话，通过师生间的交流使学生获得成长；二是开设特色课程，如促进学生成长类的课程、人生规划课程等。人生规划课程通过对成功人物成长经历的分析，使学生对自己未来的发展有更加清晰的认识，从而树立正确的人生观和价值观。芬兰高中的特需导师是经过特殊培训的心理教师，对个别学生的成长发展有重要的指导价值，既担负学校的教育教学任务，又对个别有问题的学生进行指导和咨询工作。

另外，芬兰的先进技术在学校中的广泛使用也使得学校的管理更加高效。例如，学生选课及咨询、多媒体教学手段的运用、学校的日常管理、教师布置作业甚至学生的学习等都可以通过网络进行，给学校的管理带来了很大的便利。[①]

二、专业化的学校管理模式

学校管理作为芬兰高中教育发展的重要环节，芬兰国家层面对其给予了高度的重视。强调把教育主导权交给地方及学校，高度信任教师、地方与学校对教育的管理，认为应该把教育交给教师与校长等专业人员，逐步形成了芬兰专业化的学校管理模式。[②]

---

① 李娟：《芬兰高中不分年级制研究》，东北师范大学硕士学位论文，2014 年。
② 高梦：《芬兰专业化学校管理模式研究》，东北师范大学硕士学位论文，2019 年。

在国家政治背景、教育体系和文化氛围的影响下，芬兰形成了独特的、专业化的学校管理模式，为高效改进学校管理提供了新的视角，是一个可供借鉴的独特范本，其独特之处具体表现为：它没有效仿自 20 世纪 80 年代开始的全球教育改革运动中强调测试和绩效、国家集权把握教育、严格控制课程、加强市场竞争等举措，而是从芬兰自身出发，传承地方自治传统，进行分权化管理，强调将教育的主导权交还给一线教育人员，鼓励地方和学校对学校自主管理，赋予教师自主权和管理权，坚持学校管理的专业化道路，秉承分散式领导、横向领导的理念，为专业化的学校管理模式中发挥管理主体的自主权和专业性提供了依据，学校内部管理充分体现了这种分散式领导，在规模比较大的学校内部，校长和学校其他工作人员的权责进行了重新分配，使学校管理的其他人员及教师都可以参与到学校管理中去，发挥每一个教育人员的管理职能；教育管理权下放给地方和学校，处理好各级教育行政管理关系成为基本前提，科学安排学校内部行政管理，设立专门的管理组织，构建科学合理的管理体系作为保障；专业化在学校行政管理工作中的主要表现是建立科学管理体系，即学校内部行政管理与学校外部行政管理关系的优化问题；设立专门的学校管理机构——学校管理委员会，进行学校管理事务的商讨与决议，学校内部设立专门化的管理人员部门，如学校咨询员及学校咨询委员会，芬兰学校管理体系各层次分工明确，各层级权责分明，各司其职，专业化分工明确。[1]

芬兰高中学校管理委员会由校长、教师、学校管理人员、家长、学生和社区代表等共同组成。一般而言，委员会成员有5～11人，设有主席、副主席和普通成员。除此以外，还有候补成员，人员构成丰富，能够代表多个团体和阶层。另外，委员会成员层次较高，主要以具有专业背景、具有高学历的教育相关领域的工作者为主，充分发挥各方专业力量，使学校能够按照科学的运行管理办法进行教学与管理，积极为学校的发展出谋划策。

学校咨询员是芬兰中小学校为学生提供指导与咨询服务的人员，旨在帮助学生及时解决学习中遇到的困难与问题，在教育道路选择、个性发展、日常生活与未来职业选择方面给予帮助。学校咨询员需对学校的管理、课程设置、教学和学生学习情况有全面的了解，通常是经过专业学习或培训的教师，也有部分学校是由校长亲自担任。芬兰国家层面还有学校咨询委员会，由近1000名学校咨询员组成，为芬兰中小学校咨询指导服务提供操作指南和规范。在对学生的管理中，芬兰中小学校设立专门机构，依靠专业人员，为学生提供特别的指导与咨询，

---

[1] 高梦:《芬兰专业化学校管理模式研究》，东北师范大学硕士学位论文，2019年。

对学生的学习成长起到重要作用。[①]

芬兰大多数学校都会成立学校董事会。在学校内部设立专门机构或指定专人负责实行学校内部管理专业化分工，具体而言，具有以下优势：一是可以明确各部门及其管理人员的职责，做到权有所用，责有所专；二是可以按照各类人员的专业知识水平、特长及其兴趣爱好，选择适合的工作岗位，做到人尽其才，才尽其用，能够充分发挥每位管理者的才能，调动人的积极性；三是可以适当调整学校管理跨度，既能保证上级指挥有力、有效，又能充分发挥下级的主观能动性，使大家齐心协力开展工作。[②]总体来讲，可以提高学校管理的效率和质量，增强其管理的有效性。

三、专业化的课程管理

1994 年 1 月 5 日，芬兰全国教育委员会通过并颁布了《普通高中课程大纲》。大纲规定了相应的高中课程框架，主要内容分为以下几大类：母语和文学（包括芬兰语、瑞典语和萨米语），两门外语（可以是母语以外的其他任何语言），数学、环境与自然科学（包括生物、地理、物理和化学），与人类价值观

---

① 高梦:《芬兰专业化学校管理模式研究》，东北师范大学硕士学位论文，2019 年。
② 石长林:《论学校管理的专业化》，《黔东南民族师专学报》1999 年第 1 期。

和信仰相关课程（包括宗教、伦理和哲学），心理学，历史和其他社会学，美学（包括音乐和美术及其他视图艺术），体育和健康教育等。[1]

芬兰高中阶段的课程包括必修课程、专门化课程和应用课程3类。其中必修课程，也称国家核心课程，是每所普通高中都必须开设的课程，也是每个高中生必须完成的课程。必修课程共有45～49门，占总课程的2/3。专门化课程类似于我国的选修课程，它对应于每一个学科，学校必须开设专门化课程，但不强调学生全学。应用课程是芬兰高中课程的一个组成部分，相当于我们的校本课程，它最为灵活多样，最能体现各高中学校的特色。专业化课程和应用课程占总课程的1/3。在专业化的课程管理模式下，每个学生都可以制订自己的选课计划，对大部分课程的选修，学校也不做过多限制，学生可以自己选修许多课程，即使是必修课，学生也可以选择什么时候上，上哪位老师的课。同时，学校还会为学生注明选修某门课程所必备的知识前提和该门课程的难易程度，也会提供整套的、最能体现学校特色的课程简介供学生参考。选课计划除了毕业所需的必须修满75个学程（必修课45个学程，专业课10个学程）外，

---

[1] 石春玉：《芬兰的教育成功之路及对我国教育改革的启示》，山东师范大学硕士学位论文，2005年。

其余均可由学生自主确定，学生甚至还可以选修其他学校或社会机构开设的一些本校所没有的应用课程。芬兰高中学生在某种程度上甚至连毕业的期限也可以由自己决定，这给了学生自主选择选修课程和较大的独立学习空间。

在课程设置上，芬兰高中充分考虑到学生知识基础和学习兴趣的不同，因此既重视课程的综合性又兼顾课程的多样性，从而保证学生多方面才能的发展，满足学生成长的规格、层次、职业取向等多元化的需要。在课程安排上，芬兰高中学校关注学生的学习兴趣和经验，从学生的身心发展特点出发，让学生自主进行选择，在主动学习中实现个性的全面发展。

此外，针对普通高中知识学习的碎片化、从普通高中到大学过渡不畅通等问题，芬兰新一轮普通高中教育改革引入了学分制，即现行的一门课程相当于2个学分。学分制的引入为不同课程之间的深度融合提供了可能性，将打破传统单一的课程边界，通过不同课程之间的相互融合，构建起多样化的课程学习模块。每个学习模块包括2门以上的课程，紧紧围绕不同学习内容、主题，进行真实情境下的多元化、个性化的学习方式和教学模式探究，为学生提供更加灵活的协同型学习环境，以适应高度整合的交叉课程学习，从而形成网络化、生态化、整合型的知识结构，确保学生能够获得进入高等学校和在未来社会所需的知识与能力。

芬兰的国家课程具有鲜明的特点：具有广泛的基础，覆盖了学校学习的所有内容；具有较好的包容性，能够满足所有学生的需求；追求在学业学习与社会福利之间的平衡；强调学校文化是学习环境的重要部分；课程是面向未来的，是一种能力定向的课程。

芬兰高中的专业化课程管理模式中，有几点尤其值得我们关注：第一，学生的课程选修空间大大增加，按照芬兰高中课程政策的规定，完成 75 门课程的学习是高中生毕业的最低标准，75 门课程中必修课程有 45～49 门，占比为 60%～65%，而在课程改革前，必修课程的占比为 80%～84%。第二，高中开设课程的总量相较以前也大大增加，芬兰的高中多为小规模学校，平均不足 300 人，但大部分高中都开设了 200 门以上的课程，这一方面与芬兰高中实施模块化课程有关，但更重要的是与芬兰高中课程的多样性和选择性理念相关，同时也与芬兰高中学校的校本课程开发能力息息相关。因为按照国家规定必开的必修课程是 45～49 门，专门化课程约 60 门，二者相加也只有 100 多门，这意味着还有一半以上的课程是由学校自主开发的。第三，学校规模小，教师数量少，对学校的课程开发是一个制约，但同时也是一个优势，更容易针对学生的需要开设课程，在芬兰高中，一般有 8～10 名学生选修某一课程，学校就会开设。第四，政府鼓励学校之间的相互合作和资源共享，学生也可以选择到其他普通高中甚至职高或其他一些社会性教育机构选修某些课程。第五，为了培养学生独立学习的能力，学校还允许学生采用自学的方式学习某些课程的全部或一部分，而不用随班上课。第六，无论是芬兰关于高中课程的相关文件，还是学校对课程的开发与实施，都没有提到"学分制"的概念，但与美国、加拿大、日本等在高中阶段实行学分制管理的国家相比，芬兰的做法其实是一种典型的学分制。[①]

　　由此可见，芬兰在探索和实践的基础上，通过对高中教育体制的一系列改革，创立了极具芬兰特色的高中教育体制和模式，这在最大程度上发挥了学生学习的主动性，培养了学生对相关课程的兴趣，培养了学生的综合素质、自学能力和特长，充分开发了每个学生的智能和潜力。在芬兰，学生没有沉重的课业负担，每个学生都有自己的方向，没有家长和社会的施压，给学生营造了良好的学习氛围，这也从根本上促进了学生的全面发展，实现了教育的终极目标，即"有教无类、因材施教、以人为本"。芬兰教育努力为每一个学生找到最适合自己的学习模式，除发挥高中教育升学和就业的功能外，更重要的是追求教育的内在价值，为学生的终身发展打好基础。

---

① 李家永：《芬兰普通高中教育的改革》，《比较教育研究》2003 年第 8 期。

第三节　芬兰普通高中的师资建设

教师是学校的关键所在，也是保证学校运转的核心力量。芬兰教育之所以取得巨大成功，其核心点在于师资队伍的建设。那么，芬兰的师资队伍是如何培养的，教师入职有哪些要求，如何使芬兰教师把教育工作视为一生的事业等，这些问题都会在本节中进行讨论，从中可以管窥芬兰普通高中师资建设为选课走班制提供了哪些支持与保障。

一、芬兰普通高中教师的职前教育

芬兰教师的职前培养与我国大体相似，主要由高等院校承担教师人才的培养任务。但值得一提的是，芬兰没有专门的师范类院校，高中教师的职前培养任务主要由国家 11 所综合大学中的教育学院承担。这些学院，除开设常规的师范教育课程培养未来的教师之外，还根据国家教育改革的需要，增设教育咨询服务，为在职教师提供终身培训。在芬兰 2005 年开始实施的新的本、硕两级学位体制（即 3 年学士学位和 2 年硕士学位相结合）中，按照欧洲学分转换系统（ECTS）规定，学生需要修满 300 学分（即按照每学年 60 学分，本科阶段为 180 学分，硕士阶段为 120 学分，1 学分相当于 27 个学时计划），才有资格申请成为一名中小学教师。[①] 因此，进入师范专业进行学习几乎成为进入教师行业唯一的途径。

那么，芬兰高等院校的教育学院是如何招生的呢？其大致流程为：高三毕业学生向大学申请，申请者必须经过笔试和面试；学校根据学生入学考试的成绩、笔试和面试的成绩进行两轮筛选，最后确定名单。笔试通常用来评估学生的学术能力和从事教师职业的资质，面试主要考察学生对教育的认识和选择教师职业的动机。[②] 此外，在师范生的招生中有一项"心理测试"，主要是评估学生是否具备被教导的潜能（educability）、合适的人格特质（personality）和学习动力（motivation）等非认知方面的条件[③]。通常只有 10%～15% 的申请者可以通过，竞争非常激烈。可以看出，进入师范专业需要经过十分严格的审查，但从另一个方面也保证了良好的师范生生源。正因如此，芬兰社会认为：芬兰不仅没有差学生，也没有不合格的老师。

芬兰高中教师要接受大学教育并且获得 160 个学分（4 年半至 5 年半的学时）的硕士学位水平的训练，并取得教师资格

① 王沐阳、杨盼：《芬兰教师队伍建设的路径及启示》，《现代中小学教育》2019 年第 9 期。

② 周琳：《芬兰教师教育对中国小学英语教师职前培养的启示》，《首都师范大学学报（社会科学版）》2011 年第 2 期。

③ 朱茜：《芬兰教师教育模式对我国师范生教育的启示》，《当代教育论坛》2013 年第 2 期。

证，才能从事高中教学。这 5 年的大学学习是可供学生自主选择的。在大学的第二年，学生经过认真思考决定是不是要坚持从事教师这一行业。如果学生依然愿意从事教师工作，那么就从第三学年到教育学院接受教育学课程的学习，主要涵盖教育科学课程与学科教学法的学习以及在大学教师培训学校和当地综合学校进行的教学实习。

1971 年，芬兰颁发《教师教育法令》，将芬兰的教师培训明确划分为两类：一类是班级（包班）教师培训（主要负责 1～6 年级的教学），另一类是学科教师培训（主要负责 7～9 年级的教学，即 12～15 岁的初中生和 16～18 岁的高中生的教学）。[1] 学科教师可以教授小学、初中的学科，职业教育与培训的核心学科，或成人教育与培训的学科。[2] 也就是说，担任高中教师必须学习学科教师的教学内容。另外，学科教师必须具备硕士学位，大致要求 160～180 学分，学制 5～6 年。完成高等教育学学士学位者才有资格进入主要学科的研究生教育阶段。

芬兰教师的培养主要采用研究取向的教师培养模式（Research-based Teacher Education），目标定位于研究型教师。

---

[1] 王沐阳、杨盼:《芬兰教师队伍建设的路径及启示》,《现代中小学教育》2019 年第 9 期。

[2] 谌启标:《教师教育大学化的国际比较研究》, 福建教育出版社 2008 年版。

从 20 世纪 70 年代至今，芬兰就一直实行该模式，即提倡教师将研究作为自己教学的基石，围绕真实的教育教学问题开展活动。这也就意味着芬兰的教师教育是从教师的专业发展理论水平和实践能力两个方面提高教师的专业化水平。下面将介绍这两类课程的具体情况。

在教育理论方面，中学教师培养课程结构大致包括 5 部分：教学学科课程、学科教师的教育学课程、不同学科课程、语言和交流课程、个人学习计划的准备与更新选修课程（见表 5-1）。教学学科课程是主修课程，包括本科论文和硕士论文。语言和交流课程是必修课程。"个人学习计划"课程，主要是由教师指导学生制订有效的项目计划和职业规划，并帮助学生实现。教育学课程共 60 学分，是获得教师资格的必修科目，也是芬兰教师培养最重视的部分。教师教育专业课程分为基础、中级、高级 3 个级别，其中基础和中级的教育学课程开设有教育学导论、教育社会学、教学心理学、教育实习、研究工坊等，这些课程重在发展教师的专业性；高级的教育学课程主要开设教育研究方法、教育研究课题、教学实习、学校管理、教学与评价等，其中研究课题、教学与评价两门课程地位显著，前者占 40 学分，后者占 16 学分。可见，高级教育学课程重在培养师范生的教育研究能力。此外，师范生还需要学习相应的学科课程，即将来从事教学工作时所教授的学科的内容，同时，按照各学校的规定，还须完成两门相关科目的学习。学科课程具体包括：母语（芬兰语或瑞典语）、外语、数学科学（数学、物理、化学、计算机科学和计算机技术）、生物学（植物学、动物学、遗传学）和地理、社会学等。高校同时为师范生开设教育学理论课程和学科课程的目的在于：其一，使师范生获得从事教师教育行业的任职资格，并使他们能够对学生的认知、情感等方面的发展进行有效指导；其二，使师范生能够整合理论和实证研究，促使其教育研究能力的提升；其三，使师范生能够将学科研究和教学法研究紧密结合。

表 5-1　芬兰中学教师教育课程

中学教师教育课程	本科学位 180 学分	硕士学位 120 学分	总计 300 学分
学科教师的教育学课程（辅修） 1. 教学方法和教学评估基础 2. 支持不同类型的学习者 3. 有关教学的最新研究成果和研究方法 4. 与不同伙伴和股东的合作	25（包括指导下的教学实习）	35（包括至少 15 学分的教学实习）	60
教学学科课程（主修）	60（包括本科论文 6～10 学分）	60～90（包括硕士论文 20～40 学分）	120～150
不同学科课程（1～2 门辅修）	25～60	0～30	25～90

续表

中学教师教育课程	本科学位 180 学分	硕士学位 120 学分	总计 300 学分
语言和交流课程，包括 ICT 工作生活中的实践、个人学习计划的准备与更新选修课程	35～40	0～30	35～70

资料来源：Hannele Niemi, Ritva Jakku-Sihvonen. In the front of the Bologna process Thirty years of research-based teacher education in Finland, *Izvirni znanstveni prispevek*, 2005: pp. 50～69.

　　教育实践方面，芬兰建立了相对规范的教学实习制度。师范生学习的 5 年期间，每个学期都去教学实习。实习对象涵盖不同年龄段的学生，实习内容依据学生实际需要，选择不同的学科和相应的教学方式。而学科教师的实习主要是在实习学校中教授与其专业对应的学科课程，传授给中学生专业的课程知识，强调自身专业能力的提升。

　　师范生在教学实习的初始阶段，并不进行教学实践活动，只是在学习理论知识的同时体验课堂教学，观察教学活动，从而获得教学经验。第二阶段，师范生在教师指导下走上讲台，进行课堂教学，不断地磨炼和提高自己的教育教学水平。而且上完一节课后，师范生之间不仅要相互探讨，还要由教育院系的大学教师或教学实习基地经验丰富的老师联合对其进行辅导，针对师范生的教学情况做出评价。最后，当师范生各方面能力趋于完善与成熟，将有机会承担更多的职责，逐步肩负起整个班级的教学和管理工作。整个教学实习阶段，师范生被称为协助准教师（Prospective Teacher）。

需要注意的是，师范生的教学实习与硕士论文撰写是密切相关的。研究性学习的最终成果是硕士论文，硕士论文是将理论、研究与实践相结合的最佳途径，可以培养师范生的批判性思维及自我决策能力。[1] 在完成论文的过程中，指导教师会对学生进行引导，引导的主要目的并不是为了完成硕士论文本身，而是为了帮助学生形成主动学习与工作的意识，并帮助学生发现与挖掘自身智力资源以及更好地运用学习团体中合作伙伴的资源，使学生能够在不断变化的环境中更好地学习和工作。[2]

综上，通过职前教育，教师们形成了"研究为本"的教学思想，不仅具备了一定的研究能力，而且具备了将自己的研究运用于教育实践的能力，使教育决策能够建立在广泛、稳定、系统化的实践与理论基础上而不会受到直观情境的限制。[3]

---

[1] 韩冬:《芬兰教师职前教育研究》，淮北师范大学硕士学位论文，2015年。

[2] Hannele Niemi, Ritva Jakku-Sihvonen. Teacher Education Curriculum of Secondary School Teachers, *Revista de education*, 2009: pp. 173~202.

[3] 胡旭红:《基于"研究"的教学实践模式——芬兰小学教师职前教育的经验》，《外国中小学教育》2012年第5期。

二、芬兰普通高中教师的职后培训

针对初中和高中在职教师提供的必修或选修项目，每学年3天，由教师专业联合会提供。有认定或非认定培训项目，认定培训由大学、高职院校和其他教育组织负责，侧重于教师学科领域或热点问题、教学研究、教育特殊领域以及学校管理等方面的在职培训，其认定学分为5分；非认定培训则是教师的自我激励培训和3天的在职培训。

在职培训形式多样，有专家讲座、校本培训、教学研讨等，而且受到芬兰各大学的普遍关注，设立了丰富多样、极具特色的课程。

这些在职培训项目具有针对性，覆盖面广，涉及专业知识的更新、教育方法的改进，以及科学研究能力的提高等，以便帮助教师更新教育教学知识，掌握最新的教学技能，更好地适应学校教育改革的需要，切实提升教师各方面的素质。

三、芬兰普通高中教师的入职要求及福利待遇

（一）芬兰高中教师聘用的基本要求

"尊师"传统在芬兰有独特的缘由。历史上，芬兰曾受外族长达数百年统治，坚持芬兰语的使用就成为捍卫民族独立与尊

严最重要的武器。在这个过程中，芬兰教师发挥了关键的作用。现代社会，芬兰是高税收、高福利国家，虽然芬兰基础教育阶段教师的工资水平只是稍高于全国平均水平，但是社会地位高、自主性大、每年有3个月的假期，这些有利条件使得教师成为最符合芬兰人求职标准的职业。大家都愿意当老师，教师职业自然也能吸引到最优秀的人才。据芬兰《赫尔辛基邮报》的一项调查显示，教师是最受年轻人欢迎和向往的职业，芬兰民众对中小学教师的敬仰程度，高于医生、律师等，甚至超过了总统和大学教授。因此，芬兰的教师资格审定非常严格，只有那些最优秀的人才能进入教师行业。

芬兰的教育法规定，基础教育层级以上的教师都需具备硕士研究生以上学历，且必须通过教师资格考试，才能申请教师职位。由此，成为芬兰高中教师的前提是具备硕士及以上学历并考取教师资格，二者缺一不可。

表5-2　芬兰学校对教师资格的要求一览表 [1]

学校类型	学生年龄	年级	教师资格
幼儿园	0～6岁		幼儿园教师（学士）

---

[1] 〔芬〕帕思·萨尔伯格著，林晓钦译：《芬兰道路：世界可以从芬兰教育改革中学到什么》，江苏凤凰科学技术出版社2015年版。

续表

学校类型	学生年龄	年级	教师资格
学前班	6 岁		幼儿园教师（学士） 小学教师（硕士）
综合学校	7～16 岁	1～9	综合学校教师（硕士）
小学	7～12 岁	1～6	小学教师（硕士）
初中	13～15 岁	7～9	学科教师（硕士）
普通高中	16～18 岁	10～12	学科教师（硕士）
职业高中			职业教师（学士） 学科教师（硕士）
大学	19 岁及以上		高等学术学位（硕士／博士）
技术大学			高等学术学位（硕士／博士）

（二）芬兰教师的福利待遇及其职业吸引力

2013 年国际经济合作组织的教师教学国际调查（Teaching and Learning International Survey，TALIS）报告显示：芬兰教师对自己工作的满意度是 95%；认为学校是一个良好的工作场所的教师占 88%。[①] 因此，芬兰教师中途更换职业的很少，大约

---

① 沐阳、杨盼:《芬兰教师队伍建设的路径及启示》,《现代中小学教育》2019 年第 9 期。

有 85% 的教师终身从事教育行业。究其原因，主要有以下几点：

第一，福利薪酬待遇高。芬兰的中小学教师享有高于国家公务员的工资待遇，在平均税前工资 2200 欧元的芬兰，中小学教师的平均税前工资达到 2800 欧元。此外，教师的福利待遇与社会保障也按照公务员标准执行，包括为教师提供养老保险、医疗保险、失业保险、工伤保险等社会保险，以及为提高教师物质文化水平而设立的津贴、社会补助、假期等社会福利，教师退休后可享有在职工资 50% ～ 60% 的退休金和各种上门服务。[①]据 2013 年国际经济合作组织出版的《芬兰教育政策概况》一书，芬兰小学、初中和高中教师的收入水平均高于国际平均水平。稳定的收入保证了教师可以不为生计发愁，过上"体面而优质的生活"。

第二，工作时间灵活，工作稳定。教师教学国际调查 2013 年度报告中的数据显示，芬兰小学教师每周工作总时长为 31 个小时，比国际平均工作时间少 7 个小时，比工作时间最长的比利时少 10 个小时，这就使教师具有更多的时间进行其他教学工作或进行自我提升等。有研究对国际初中教师的工作时长进行调查，芬兰的工作时长比其他被调查的国家——冰岛、新加坡、

---

① 周青蓝:《芬兰教师职业保障体系建构的经验与反思》,《中国成人教育》2018 年第 9 期。

意大利、澳大利亚、挪威等要短。^①芬兰小学全日制教师的比例高达96％，远远高于国际全日制教师的80％，并且在调查的国家中比例位居第一；初中教师的调查结果显示，芬兰初中全职教师比例高达90％，个人可自由选择的兼职教师占7％，而完全不能选择全职的兼职教师仅占3％。^②这为芬兰创造了优质且稳定的师资队伍，为芬兰教育的成功保驾护航。

第三，芬兰教师具有较高的职业满意度。这与芬兰崇高的教育理念、重视教学人员的建设以及促进教师的专业认同密切相关。

据报道，有芬兰高中教师在接受媒体采访时说到，如果辞职不当教师了，一定不是因为对薪酬待遇不满意，而是自己的专业自主权被剥夺了。事实上，选择教师职业的人，内心深处都有某种道德使命的驱使，这是他们心中高度的职业道德感，即希望能够通过教育帮助人们，促进社会发展。据报道，当媒体采访一位年轻的芬兰高中教师，问他为何选择教师这一职业时，他回答："教师是所有职业中最享有盛誉与尊重的职业，这

①　王钰巧、方征:《芬兰基础教育教师高满意度的外在因素——基于TALIS2013的数据探索》,《教师教育论坛》2016年第3期。

②　Alexandra Beatty, Ana Ferreras: *Supporting Mathematics Teachers in the United States and Finland: Proceedings of a Workshop*, Washington D.C., National Academy of Sciences, 2018: pp. 5～43.

也是我们的爱国之心与公民的使命感对我们的召唤，这是一种信念和责任。"[1]

第四节　良好的外部资源和社会支持氛围

教师的作用并不是万能的，教育的成功离不开整个大环境的支持，包括文化根基、社会氛围等。每一个部分运行的合力，构成了芬兰教育的成功。本节主要讨论芬兰教育外部资源中的社会氛围对芬兰高中选课走班制的影响。

一、基于信任的教育文化

芬兰社会的共识是：信任是教育系统得到良好运转的关键。"信任文化"（Trust Culture）是指教育部、国家教育委员会等高级行政管理部门相信教师、校长、家长和社区能为国家的下一代提供尽可能好的教育。[2]当然，这一共识并非一朝一夕形成的，而是在一次又一次的教育改革中形成的。

第二次世界大战后，芬兰社会损失惨重，发展受到巨大的挑战。1946年，芬兰教育改革委员会发出倡议，提出要建立能

---

[1]　石佳巍：《芬兰教师职业吸引力探析》，《西北成人教育学院学报》2016年第2期。

[2]　何倩：《芬兰高中教育成功的因素分析》，《外国教育研究》2008年第8期。

够服务于所有学生的共同学校，以促进芬兰社会经济的发展。但这一提议与芬兰传统的双轨制教育相冲突，教育改革也不得不宣告破灭。

事实上，进入到 20 世纪 50 年代，芬兰的教育机会依然不平等，仅有 27% 的 11 岁孩子能够进入 8 年制的文法学校（5 年初中加 3 年高中），还有部分住在大城市的孩子可以进入所谓的 2～3 年制的市民学校，接受职业技术教育。

直到 20 世纪 60 年代，由于芬兰经济的复苏和社会状况的改善，社会对初等教育的需求提高，接受初等教育的学生人数激增。为确保芬兰的每一位公民，无论其种族、肤色、语言、职业、居所及能力，都享有同等机会的高质量教育，芬兰颁布了相关的教育政策，围绕以下 3 大主题开展教育改革：一是改革与完善教育系统的结构，努力提供更好和更健全的全民教育；二是课程的形式和内容更加侧重于儿童全面的个性发展；三是教师教育的现代化，以应对发展全民教育和全面教育所产生的需求。①具体举措如，在 20 世纪 60 年代，芬兰进行了学校综合化改革，以确保每一个适龄儿童具有平等的受教育机会为目标，让 7～15 岁的中小学生，不分年级，都在同一所"综合学校"

---

① Erkki Aho, Kari Pitkänen, Pasi Sahlberg: *Policy Development and Reform Principles of Basic and Secondary Education in Finland since 1968*, Washington: The World Bank, 2006.

学习，保证全国的学生受到内容和标准一致的基础教育。

经过数 10 年的改革，9 年制综合学校已得到社会的广泛认同，且越来越多的人毕业后愿意继续深造。芬兰每年约有 95% 的学生毕业后都会继续升入高中进行学习，即便是其余 5% 的学生，也会继续接受非正规教育，日后通过成人教育的方式继续深造。

20 世纪 80 年代后，芬兰教育经历了 3 个教育改革阶段（见图 5-1）。第一轮教育改革是 80 年代，建构主义的学习理论和神经系统科学占据了主流，中小学教师被赋予更多的教学自主权，可以自主研究知识、研究学习，主宰自己的课堂，使学生可以进行有意义的学习，促进了教育的公平。

第二轮是 20 世纪 90 年代的教育改革，地方和学校积极地参与课程的设计，并积极吸纳社会力量参与。学校与学校之间开展合作，并充分利用家长、企业及一些非政府组织的资源，建构起一个广泛的社会合作网络，将学校建设成一个学习型的学校。与此同时，芬兰政府也发起"阿奎利恩项目"（Aquarium Project），为所有的学校、校长和教师搭建了一个交流的平台，进行经验的分享，以及合作解决问题。[1] 在 2000 年

---

① 滕珺：《共识、信任与专业：良性教育生态环境的三大支点——兼评〈芬兰经验：世界能向芬兰学习什么〉》，《比较教育研究》2013 年第 12 期。

第一轮国际学生评价项目测试结果中，芬兰在所有参与测试的国家中位居第一。这不仅震惊了世界，同时也震惊了芬兰自己，为后续芬兰的教育改革增添了不少压力与挑战。

第三轮从 2000 年开始，芬兰教育改革开始重点关注中等教育结构的调整，以及整个教育管理系统的改革效率与改革质量，逐步在全社会范围内建立起新的教育共识，即秉持赋权、专业、自主的精神，在追求教育公平的基础上，不断提升教育质量，让更多人能享受到公平而优质的教育服务。

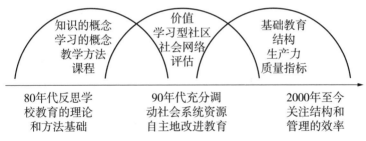

图 5-1　20 世纪 80 年代以来芬兰教育改革的三个阶段 [①]

在一轮又一轮的教育改革中，芬兰教育质量不断提升，芬兰的教育部门得到广大群众的信任和尊重，诚实和信任也被认为是社会最基本的价值观之一。这种价值观有力地支撑着芬兰

---

① 〔芬〕帕思·萨尔伯格著，林晓钦译：《芬兰道路：世界可以从芬兰教育改革中学到什么》，江苏凤凰科学技术出版社 2015 年版。

教育体系和教育制度的良性运转。主要体现在以下几个方面：

（一）国家赋权下的信任

芬兰学校优质教学和教育制度高质量运作的重要因素之一是学校和教师拥有高度的自主权。芬兰政府十分信任下级政府和学校，各级教育行政部门也赋予了学校和教师相对较大的办学及教学自主权。例如，教育与文化部出台的各项教育政策以及法律法规，各地可以根据实际情况进行调整。再如，在各高中学校，任课教师选定教材申报校长审批后，就可直接用于自己的课堂教学。同时，国家也没有出台专门针对教师考核、升职、薪酬方面的制度，给予教师宽松的政策制度，鼓励教师大胆地进行教育教学实践和理论研究，以满足不同学生的需求，也培养了教师的课程开发和实施能力。

（二）学校"放管服"下的信任

作为教育教学的机构，学校赋予了教师极高的自主权。如教师拥有高度的课程自主权，教什么、怎么教、教到什么程度，完全由教师根据课程指南自行决定。教师可以完全自行制定全年的教学目标和教学方法，规划下一阶段的教学计划。同时，校长也不干预教师的教学行为，不对教师的业务进行检查或者考核，不组织同行之间的听课，也没有业务指导机构对教师进行听课指导。即便是 3 年内的新教师，校长和同行都不会来听课。[①]学校方面更不会人为地将教师分成各类等级，也不设公开课进行教学评比，取消论文评比，不给教师额外的负担，使教师有足够的时间进行教育研究、教育改革和教育思考，与此同时，学校更多以为教师服务的宗旨，尽量为其提供多方面的支持与帮助，以促进教师的专业发展。

（三）家校合作中的家长信任

在芬兰，不管是在市区，还是在乡村，学生们都会享受到相同的教育设施和教育资源，而这些也不会因为学生的多少而有差异。数据显示，芬兰最好的学校和最差的学校教育质量差距仅为 4%。也正因为学校之间差距小，所以芬兰没有"学区房"和"择校生"这样的概念，所有学生按居住地在 5 公里范围内的学校就近上学，即使是距离罗亚城 20 公里仅有 15 位学生的小学，教学设备也一项都不缺。

政府层面也不搞学校成绩排名、学校评比，所有的教育教学资源一律平等，即使是"弱势"孩子，也能得到更多的关照和资源。此外，芬兰小学教师的基本准入门槛是 3 年本科学习

---

① 郑生勇：《"专业、信任"：芬兰教师专业发展的基石——芬兰教育研修印记》，《教学月刊小学版（综合）》2018 年第 11 期。

和 2 年硕士学习，中学教师的准入门槛是 5 年的专业学习和 1 年的教师专门培训，并通过教师资格考试。[①] 在如此严格的教师准入制度下，家长十分信任教师的专业能力。此外，芬兰的教师每学期都会给每一位学生做一份详细的报告，并且与家长进行至少一次会谈，使家长了解学生的发展，这在无形之中加深了家长对教师的信任程度。

（四）师生共融下的信任

在教育教学中，教师充分相信自己的学生，学生只需对自己的学习过程和学习结果负责，并做出相应的自我评价。而且如果学生的期末作业完成得非常优秀，甚至可以获得免考的机会。这种开放的激励性的评价方式消除了学习困难学生的学习恐惧感，让每一个学生都能在学习过程中充满自信。相信学生，就是从"唤醒"到"内省"。[②] 从某种意义上来说，教师们均践行芬兰在教育方面"不让一人掉队"，使学生轻松学习的教育理念。

在平时的随堂检测以及各种考试中，教师不会公开学生的

---

① 〔芬〕帕思·萨尔伯格著，林晓钦译：《芬兰道路：世界可以从芬兰教育改革中学到什么》，江苏凤凰科学技术出版社 2015 年版。

② 张盼盼：《芬兰基础教育变革的民族文化特色及启示》，曲阜师范大学硕士学位论文，2018 年。

成绩，也不会对成绩不好的学生进行责备，因为教师们认为这会对学生的身心发展产生伤害。对学生自尊心的保护，以及鼓励每个学生、增强学生自信心的行为在校园随处可见，整个校园充满了信任的氛围。

二、教育系统没有死胡同

（一）高中阶段的普职融通

芬兰教育的一个重要特色是新创建的教育"立交桥"体系，如图 5-2 所示。这个"立交桥"体系实现了各类教育的互相贯通：横向上，普高与职高、普通高等教育与多科技术学院处于平等的地位；纵向上，普高与普通高等教育、职高与多科技术学院上下贯通；侧向上，普高与多科技术学院、职高与普通高等教育也可实现联通。

与此同时，不管是什么样的高中教育，都可以直接就业。这就赋予了普通教育和职业教育同等的地位，也使高中教育更具多方选择性与个性化。

换言之，芬兰学生在结束初中阶段的学习后，有 4 种选择。一是进入普通高中。二是进入中等职业教育机构。这两者占据了初中毕业生的主体，其中大约有 53% 的学生进入普通高中，而 47% 的学生则选择进入中等职业教育机构。三是直接就业。

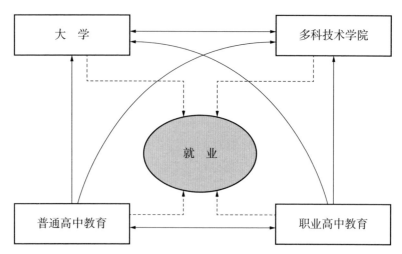

图 5-2　芬兰高中教育与就业和高等教育关系图

对于这部分学生国家会通过学徒式培训等方式使其具备谋职就业能力。四是选择在学校多读一年。[①]

接下来介绍占芬兰高中教育的主导部分：

1. 以学术为导向的高中教育

学生完成义务教育后，可以升入普通高中学校就读。芬兰的普通高中教育面向 16～19 岁青少年，以学术导向的科目为主，实施弹性学制，一般为 2～4 年，学生可根据自己的学习能力与个性化的学习需要选择在规定年限范围内完成高中学业。

---

① 　朱茜：《芬兰教师教育模式对我国师范生教育的启示》，《当代教育论坛》2013 年第 2 期。

芬兰普通高中的人才培养目标是"培养综合素质高、个性健康全面发展、有创造力和合作精神、能够独立探求知识、热爱和平的社会成员"，同时学校要引导高中生树立终身学习的意识，并促进学生个性的良好发展。

芬兰普通高中的课程设置由必修课程和选修课程两部分构成。必修课程体现国家的统一性，国家层面对必修课程的教学目标、教学要求、授课时数均有统一要求。选修课程则充分彰显学校的课程自主，学校可以根据需要自主安排选修课程，也可与其他社会教育机构合作开设选修课程。也因为此，各高中学校的选修课程会有细微差别，这就为学生提供了课程的个性化选择空间，能够充分尊重学生各方面的发展。

芬兰高中的教学以模块化进行组织，不依赖于年级，学生可以自由地决定他们的学习计划。每门课程在完成后进行评估，当学生完成必修课程和选修课程时，将获得普通高中证书。[①] 完成高中学业后，一般普通高中的毕业生会参加国家统一的大学入学资格考试。大学入学资格考试，是芬兰基础教育阶段唯一的一次全国性标准测试，等同于我国的高考。考试合格后就可以升入大学或者是理工学院继续深造。

---

① 浙江省芬兰高中特色教育考察培训团:《造就芬兰高水平教育的原因探秘——芬兰高中特色教育考察报告》,《浙江教学研究》2017 年第 2 期。

2. 以职业培训为导向的高中教育

除传统的以学术为导向的普通高中教育外，对工艺方面有兴趣的学生也可以选择就读职业高中。与中国的教育文化传统不同的是，芬兰的职业高中地位比较高，职业高中的教育密切联系着芬兰社会、劳动力市场和职业，致力于为芬兰的劳动力市场培养最优秀的职业人才，非常受民众的欢迎。职业高中学校的学制为 3 年，其培养目标是"针对即将走上工作岗位的学生，教授他们必备的知识和技能，以便其顺利地开始职业生涯，同时促进学生个性健康全面发展，成为有合作精神、能够独立探求知识的社会成员"。

芬兰的职业高中为学生提供的课程服务，主要采用在校学习和接受为期至少 6 个月的在职培训相结合的形式。其中课堂课程有约 25% 的内容是高中学习的必修科目，也是核心课程，其余 75% 的内容是职业培训课程。职业培训课程的具体科目通常由芬兰国家教育委员会制定。同时，职业高中的主办者也享有一定的课程自主权，可以根据不同地域的需求来安排不同的专业、不同的课程内容。

职业培训教育课程的目的在于使毕业生广泛学习基本知识和特定范畴的专门技能，为未来选择职业奠定基础。所以，在芬兰职业高中课程设置中，必须安排至少半年的实习。学生完成 3 年的职业高中课程学习后，可以获得初级职业资格认证证书。如果有少部分学生成绩不合格，且个人发展方向不明晰，不知如何选择，就可留在职业高中接受 1 年的额外义务教育，补习功课。在这 1 年里，学生还会得到由学校提供的量身定制的职业咨询，帮助他们在 1 年之后做出合适的职业选择。通常会有 4% 的学生选择读额外 1 年的义务教育，即 10 年级。

如前所述，芬兰的普通高中与职业高中之间是互通互联的，不同高中的学生可以相互修习对方高中的课程，学分互认。也就是说，完成以职业培训作为高中教育的学生可和以学术为导向的毕业生一样，毕业时可以升读理工学院或大学。这意味着，芬兰的教育形成职高、普高与高职、大学相互衔接的格局（见图 5-3），而不是死胡同，尊重了不同学生的职业需求。

除此以外，芬兰的职业资格认证非常流行，学徒、学生们都可以通过获取职业资格而进入大学，甚至攻读硕士和博士学位。即使部分学生没能参加高中教育或职业教育进入大学，凭借职业资格证也足以找到一份稳定的工作。[1] 这充分体现了芬兰的教育理念——每个学生都不应该被放弃、被落下，每一个学生都应该受到合适的教育、得到适合的发展，以便在将来获得一份适当的职业。

---

[1]　韩宝江:《芬兰的教育体制（一）》,《基础教育参考》2019 年第 15 期。

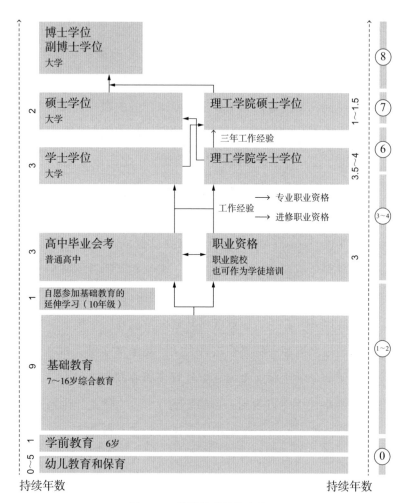

图 5-3 芬兰的弹性教育体系

（二）高中与大学教育的有效衔接

在芬兰，高等教育系统不仅面向普通高中的毕业生，而且面向职业学校和职业专科学校的毕业生，对来自不同类型学校的学生一视同仁，保证他们在规定的时间内完成高等院校的学业。这使得芬兰的普通高中教育、职业教育与大学之间形成有效的衔接。

20 世纪 90 年代以前，芬兰高等教育系统中只包括大学。大学的基本任务是科研和教育，大学办学遵循研究的自由性、大学的独立性以及教学事务的自主权原则。随着经济的发展，为了适应经济信息社会的挑战，芬兰政府于 1992 年颁布《中等和高等职业教育法》，决定发展高等职业教育，即建立高等教育的非大学组成部分，通过立法开始创建多科技术学院的实验。发展多科技术学院的目标是提高高等职业技术教育的学历层次，适应劳动力市场对人才需求的变化，增强职业教育的吸引力。[①]1995 年 2 月，芬兰议会以立法的形式确立了多科技术学院的地位。2003 年，芬兰议会又通过了经修订后的《多科技术学院法》，明确提出多科技术学院和综合性大学共同构成芬兰

---

① 胡迎：《芬兰多科技术学院教育特色研究》，辽宁师范大学硕士学位论文，2008 年。

的高等教育系统。自此开始，芬兰的高等教育实行两轨制，学位制度也相应地划分为"并行而互通"的两轨，即学术学位和职业学位，并在 2005 年新的《芬兰大学学位法》中以法律形式将"3+2+4"学位结构确定下来。[①]

通常而言，芬兰普通高中生毕业后有两条继续深造的渠道：一是通过大学入学资格考试以及大学自主招生考试，入读综合性大学以获得学士学位；二是获得职业资格后转入应用技术大学攻读技术学士学位。同样，芬兰的职业高中学生毕业后也有两种选择：一是通过大学入学资格考试考入综合性大学攻读学士学位课程；二是先行进入职场积累工作经验，获得相关职业资格后，再申请继续攻读应用技术大学，完成学位课程学习后，申请获得技术学士学位。这也就是上文提到的教育"立交桥"体系（参见图 5-2）。而且，获得学士学位的大学毕业生只要符合"立交桥"体系的互通条件，就可在两轨间进行发展方向的调换，完成硕士层次的学位互通。这种多样而灵活的学位制度为高中学生的选择提供了更多的可能性，同时为芬兰培养了更多的高层次教育人才，也在无形之中为芬兰选课走班制提供了升学政策上的支持与保障。

---

① 李素琴、赵景倩、田杰:《21 世纪以来芬兰学位制度研究》,《河北大学成人教育学院学报》2017 年第 2 期。

主要参考文献

安徽省赴芬兰教育考察代表团:《关于芬兰高中教育改革的考察报告》,《安徽教育》2007年第4期。

谌启标:《教师教育大学化的国际比较研究》,福建教育出版社2008年版。

程振响编著:《芬兰普通高中课程改革新进展》,中国科学技术出版社2006年版。

《芬兰:新一轮普通高中教育改革将于2019年实施》,《中国德育》2018年第22期。

〔芬〕帕思·萨尔伯格著,林晓钦译:《芬兰道路:世界可以从芬兰教育改革中学到什么》,江苏凤凰科学技术出版社2015年版。

高梦:《芬兰专业化学校管理模式研究》,东北师范大学硕士学位论文,2019年。

韩宝江:《芬兰的教育体制(一)》,《基础教育参考》2019年第15期。

韩冬:《芬兰教师职前教育研究》,淮北师范大学硕士学位论文,2015年。

何倩:《芬兰高中教育成功的因素分析》,《外国教育研究》2008年第

8 期。

何树彬:《罗素高中:芬兰高中教育的典范》,《上海教育》2009 年第
11 期。

胡旭红:《基于"研究"的教学实践模式——芬兰小学教师职前教育的
经验》,《外国中小学教育》2012 年第 5 期。

胡迎:《芬兰多科技术学院教育特色研究》,辽宁师范大学硕士学位论
文,2008 年。

贾海菊、朱成科:《芬兰普通高中课程评价及对我国课程改革的启示》,
《教学与管理》2009 年第 10 期。

康建朝、李栋:《芬兰基础教育》,同济大学出版社 2015 年版。

李家永:《芬兰普通高中教育的改革》,《比较教育研究》2003 年第 8 期。

李娟:《芬兰高中不分年级制研究》,东北师范大学硕士学位论文,
2014 年。

李俐、陈时见:《芬兰中小学教师的在职培训及启示》,《当代教育科学》
2013 年第 8 期。

李素琴、赵景倩、田杰:《21 世纪以来芬兰学位制度研究》,《河北大学
成人教育学院学报》2017 年第 2 期。

李勇、李俊杰:《芬兰高中"不分年级制"教学模式及启示》,《世界教
育信息》2008 年第 4 期。

石长林:《论学校管理的专业化》,《黔东南民族师专学报》1999 年第
1 期。

石春玉:《芬兰的教育成功之路及对我国教育改革的启示》,山东师范大学硕士学位论文,2005 年。

石佳巍:《芬兰教师职业吸引力探析》,《西北成人教育学院学报》2016 年第 2 期。

孙河川、鲁良、刘文钊、郝妍:《芬兰教师课堂教学评价指标对辽宁省教师评价的启示》,《第八届沈阳科学学术年会论文集》,2011 年。

谭方亮:《芬兰基础教育课程改革及其启示》,《新论视窗》2019 年第 2 期。

唐锡炳:《感受以人为本的教育——芬兰教育考察报告》,《山东教育》2007 年第 26 期。

滕珺:《共识、信任与专业:良性教育生态环境的三大支点——兼评〈芬兰经验:世界能向芬兰学习什么〉》,《比较教育研究》2013 年第 12 期。

王斌华:《奥地利普通教育与职业教育的一体化趋势》,《外国教育资料》1996 年第 1 期。

王沐阳、杨盼:《芬兰教师队伍建设的路径及启示》,《现代中小学教育》2019 年第 9 期。

王楠:《芬兰的高中课程设置》,《网络科技时代》2008 年第 13 期。

王钰巧、方征:《从 TALIS(2013)解密芬兰教师教育一体化的经验与启示》,《外国中小学教育》2016 年第 5 期。

徐双荣、旭东英:《试论芬兰的学制改革》,《教育评论》2010 年第 2 期。

许宏:《芬兰中小学教师在职培训研究》,苏州大学硕士学位论文,

2017 年。

杨德军、李群：《芬兰"不分年级制"高中课程改革及启示——以罗苏高中为例》，《教育科学研究》2004 年第 2 期。

张德启、汪霞：《芬兰基础教育课程改革的整体设计与实施浅析》，《外国教育研究》2009 年第 5 期。

张盼盼：《芬兰基础教育变革的民族文化特色及启示》，曲阜师范大学硕士学位论文，2018 年。

张瑞海：《芬兰教育体制与基础教育课程改革概况》，北京教育出版社2003 年版。

张瑞海：《芬兰普通高中教育的特色》，《课程·教材·教法》2003 年第4 期。

张蔚然、石伟平：《芬兰中小学专业化学生指导与咨询：缘起、路径及启示》，《全球教育展望》2019 年第 8 期。

张奕婧、郑一筠：《21 世纪以来中国和芬兰高中阶段课程改革的比较研究》，《外国中小学教育》2011 年第 4 期。

浙江省芬兰高中特色教育考察培训团：《造就芬兰高水平教育的原因探秘——芬兰高中特色教育考察报告》，《浙江教学研究》2017 年第 2 期。

浙江省教育厅赴北欧教育考察团：《走进芬兰高中课程改革》，《外国中小学教育》2008 年第 8 期。

郑生勇：《"专业、信任"：芬兰教师专业发展的基石——芬兰教育研修印记》，《教学月刊小学版（综合）》2018 年第 11 期。

周琳:《芬兰教师教育对中国小学英语教师职前培养的启示》,《首都师范大学学报（社会科学版）》2011 年第 2 期。

周青蓝:《芬兰教师职业保障体系建构的经验与反思》,《中国成人教育》2018 年第 9 期。

周岳峰:《芬兰教育和文化部长谈国家核心课程改革》,《世界教育信息》2017 年第 3 期。

朱茜:《芬兰教师教育模式对我国师范生教育的启示》,《当代教育论坛》2013 年第 2 期。

Alexandra Beatty, Ana Ferreras: *Supporting Mathematics Teachers in the United States and Finland: Proceedings of a Workshop*, Washington D.C., National Academy of Sciences, 2018.

Core Curriculum for Upper Secondary Schools, Finnish National Board of Education National, 2003.

Irmeli Halinen, Ritva Järvinen: *Towards Inclusive Education: The Case of Finland*, Prospects, 2008.

Erkki Aho, Kari Pitkänen, Pasi Sahlberg: *Policy Development and Reform Principles of Basic and Secondary Education in Finland since 1968*, Washington: The World Bank, 2006.

Rosemary Deem, Kevin J. Brehony: Management as Ideology: The Case of "New Managerialism" in Higher Education, *Oxford Review of Education*, Vol. 31, No. 2, 2005.